誰でも行ける！
　　でも誰も行かない!?
絶海の秘境島へGO！
UNEXPLORED REGION

希の樹出版

はじめに

いつか世界一周旅行をしてみたい！

仕事を忘れ、離島でのんびりしたいな〜。

高級なホテルに宿泊して美味しいものを食べたい！

などなど、旅に関する願望は旅行好きかどうかに関わらず様々あるのではないだろうか？

そういう私たちも、本当は仕事を投げ出して今すぐにでも旅に出たいのはやまやまだが、、、。

この本は、元来の旅行好きが高じて世界各地を旅していくうちに「秘境島」に魅了された大の旅行好き達による物語である。

国も地域も様々、現地の人との交流も心温まる想い出となり、また次の旅へと進んでいく。時折、辛口な感想も出てはくるがそれも旅の醍醐味としてお楽しみいただきたい。

読者の皆様がいつの日か、いわゆるガイド本とは一線を画すこの本を参考に旅してくださることを願って。

それでは「誰でも行ける！でも誰も行かない！？絶海の秘境島へGO！」の始まりです！

希の樹出版　編集部

スケリッグ・マイケル

南極

五島列島

対馬・壱岐島

硫黄島

フォークランド 諸島

キプロス

パラオ

CONTENTS

秘境島旅スタート！南洋の楽園、我が国も承認した新興国家！

村山眼蔵

日本最後の秘境とも言われる島へ！

村山眼蔵

ニシン漁が栄えた島で縄文時代に思いを馳せる！

村山眼蔵

ついに上陸、氷の島で温泉に！？

村山眼蔵

ここから私の秘境島旅は始まった！

船越真衣

キリスト教会で心穏やかにと思いきや！？

船越真衣

日本でアフリカン音楽？真っ赤な海にびっくり！

船越真衣

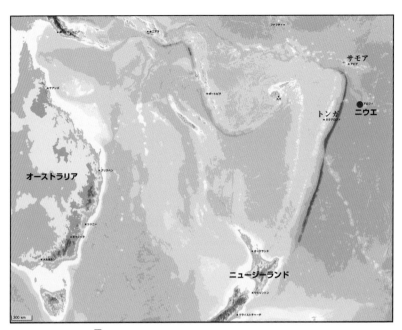

ニウエ
Niue

ニウエ（Niue）はオセアニア東部にある立憲君主制国家。君主はチャールズ３世。
ニュージーランドの北東、トンガの東、サモアの南東にあるニウエ島を領土とする。世界で
２番目に人口の少ない国である。年間を通して温暖であるが、ベストシーズンは５月から
１０月頃。

島データ

首都：アロフィ　面積：２５９平方キロメートル (屋久島の１／２)　人口：１８００人　公
用語：ニウエ語、英語　通貨：ニュージーランドドル　時差：-２０時間
行き方：(飛行機 ✈) 成田空港発〜オークランド空港着 (ニュージーランド) １０時間３０分
➡ (飛行機 ✈) オークランド空港発〜アロフィ空港着（ニウエ）３時間　現地の移動：(車 🚗)

文◎　村山 眼蔵

何もない南洋の楽園

「なんで ニウエ？？」
タクシーの運転手は、驚いてボクたちに言った。
日本からニュージーランド最大の都市オークランドに飛行機で着いて、空港からホテルに向かうタクシーのなかだ。ボクたちが、ニウエに行くためにわざわざ十時間半の飛行機に乗って日本から来たと言うと、タクシーの運転手は信じられないという風に顔をしかめた。
「あそこには何もない。海の中に島がある、それだけだ」
「でもニウエは独立国だし、どんな国か行ってみたい」
「地上最後の楽園かも」
ボクたちがそういうと、運転手はあきれた顔でだまってしまった。これ以上話してもムダと思ったに違いない。

イワオカ編集長は孤島マニア

なぜボクたちは＜ニウエ＞を目指しているか？
ひと月前、わが希の樹出版の編集室でのミーティングのときに、ボクとカメラマンのヒロ君を前にして、イワオカ編集長は言ったのだった。「君らも知ってると思うが、世界で一番小さい国はバチカン市国で人口800人ほどだ。しかし領土、国民、統治機構の原則でいうとバチカンは特殊な国だ。バチカンの隠れ国民は世界中にいるし、その者たちには＜神がこう言った＞と言えば従うので、暴力装置は必要ない。
次に人口の少ない国は＜ニウエ国＞で二千人弱。世界一大きいサンゴ礁の島で世界一過疎だ。ニュージーランドから東に2600km。一番近い隣の島まで420km 離れて＜絶海の孤島＞というにふさわしい。縦横20km ほど、面積259平方キロ、島おこしに珍しい切手やコインを出したり、観光客を呼び込もうと苦戦しているがあまりうまく行っていない。島の住民はニュージーランドに出稼ぎに行ってどんどん人口が減っているというが、2015年に日本政府が国家承認もしたちゃんとした国なんだ。飲酒運転が違法でない世界唯一の国という人もいるが、これはちょっと疑わしい。
キミらにはのんびりしたこの世の楽園を見てきてほしい」
イワオカ編集長は、世界一珍しいニウエ国視察の重大任務をボクとカメラマンのヒロ君に告げたのだった。

イワオカ編集長は、希の樹出版の有名辣腕編集長で、もう数年前からおつきあいがある。編集長という職業柄、好奇心が強く博覧強記、変わった趣味も持っていて、鉄道マニア、オーディオ、伊藤若冲のコレクション、日本酒の利き酒師、秘境温泉旅行、そして＜絶海の孤島マニア＞というわけだ。

一緒に行くヒロ君は、気鋭の青年カメラマン。今までにボクとヒロ君は、仕事とプライベートで南北アメリカ、北インド、中欧、果てはアフリカの砂漠まで一緒に旅行した旅仲間である。世界のあちこちで（美女抜きで）何杯の美酒を酌み交わしてきたことだろう。
さっそく、イワオカ編集長の美人秘書、髪の長いトシちゃんは、ボクたちのためにニウエ行きの飛行機やホテルを手配してくれた。

天国の入り口　ニウエの首都はアロフィ

日本からニュージーランドに着いた翌朝、ボクとヒロ君は週に2便しか飛ばないニウエ行きのニュージーランド航空に乗った。オークランドから3時間でニウエ国の首都、アロフィに到着するのだった。日本との時差は−20時間。日付変更線を超えるので、時間を得たようでラッキーな気分。

168人乗りのニウエ行きエアバスはほぼ満席だった。白人観光客、どっしりした体格の南洋の原住民に混ざって、麦わら帽子をかぶった中華の観光客カップル一組、そしてニウエ探検隊・日本人のボクたち2人である。ニウエに到着しアロフィ空港の滑走路に止まった飛行機から、乗客は歩いて入国審査場に行く。空港はエアコンもない簡素な作りで、ターンテーブルがなく、荷物の載った荷車から自分でスーツケースを取り出すのだった。
パスポートコントロールを終えて出口にまわると、ボクたち2人はぱあっと笑顔になった。
「やったあ！」
ウクレレを弾いて島の歌を歌う男性と、上半身裸ではないものの、首に花輪をかけてくれるハデな衣装のオバさんのお出迎えだ。まさに南洋の楽園、地上の天国のイメージではないか。南半球は冬だというのに照りつける太陽で気温は27度。ニウエ探検に日焼け止めクリームとサングラスはかかせない。
ボクとヒロ君はすっかり浮かれて、首にレイをかけたままレンタカー屋に向かった。手続きを終わり、鍵を受け取って車に乗りこむと、
「あれ？　ドアが閉まらない」
レンタカー屋で借りた走行距離15万キロの日本車マツダは、ドアが開いてますという赤ランプが点きっぱなしでどうしても消えないし、一度開けた窓ガラスはモーターが弱っているのか、手で介添えしてやらないと閉まらない。「うむむーー」
一瞬ひるみそうになりながらも、ボクとヒロ君は気を取り直して、秘書のトシちゃんが東京から予約してくれた、島で一番豪華なホテル、＜セニック・マタバイリゾート＞にむかった。

ホテルは、海をのぞむ高台の絶好のロケーションで、一棟4部屋の建物が林の中にいくつか並んでいる。車の音はしないし、隣人の騒音もない。数十メートル下の崖に波が打ち寄せる潮騒が耳に心地よい。敷地の林のなかにはニワトリが何羽も地面をつつきながら歩い

ているし、おりしも島中に何千何万という黒い蝶が群れ飛んでいる。そして何より空気が澄んでいる。排ガスもないし迷惑な隣国からの微粒子も飛んでこない。南半球は、人の多い北半球にくらべて格段に空気がきれいなのだ。

「うーん、蝶が舞う南国の楽園だね」

「空気がいいと腹がへりますね」

「よし、じゃ晩飯にいこうか？」

天国の住民は　やる気ゼロ

ホテルのレストランは木の床の広々したテラスで、下にプール、遠くに海の波がくだけるのが見えるしゃれた空間だった。すでに数組のバカンス客がおしゃれをして夕食のテーブルについていた。男2人はボクたちだけだ。

「すいませーん」（日本語）

「オイガ」（スペイン語）

「イズビニーチェ」（ロシア語）

青いアロハシャツの制服を着た女給さんを呼ぼうと声をかけてみるが、なかなか来てくれない。数人いる給仕の人たちは、みんな太って百キロは軽く超える巨体を揺すりながら歩いているのだが、なにしろ動きが遅い。

「パルドン！」（フランス語）

声をあげると、やっとメニューを持って来てくれた。

サラダとエビのカクテル、魚介のチャウダーに獲れたて魚のフィレ、それに飲み物はニュージーランドのソービニヨンの白ワインと水を注文して——、

給仕を待っていたのだが、10分たっても20分たってもなかなか持って来てくれない。

「さすが地上の天国だね。誰もゆったりしてる」

「そうだよ、日本みたいにせっかちな人はいないからね」

「せっかちはいやだね」

「毒蛇は急がない」

「やっぱり楽園だ」

ボクはヒロ君と、旅のことニウエのことなど話していたが、男2人で何時間もロマンチックに見つめ合っているわけにもいかない。

「それにしても遅いね」

「飲み物だけでも持って来てくれればいいのに」

「ちょっと言ってみようか」

「すいませーん！」

「オイガ！」

「イズビニーチェ！」

飲み物が来たのはそれから30分後、料理が来たのはさらに40分後のことだった。すっかり日が暮れて、旅の疲れもあるし早々に部屋にもどることにした。南洋の楽園は疲れる。

暗い部屋にもどってびっくり。ぶーんといううなり声が聞こえたと思ったら、ボクの短パンの裸の足に一匹の蚊が飛んできた。
「やばい！　蚊だ、ジカ熱が飛んできた」
おまけに机の上に広げた本のページには何匹もの蟻のような小虫が、小さい割に早足で何匹も歩き回っている。慌てて部屋のタンスの中を見ると、用意周到、殺虫剤のスプレーが置いてあった。あとで聞くと、ヒロ君の部屋では蚊と這い回る小虫のうえにゴキブリまで出たというではないか。南洋の楽園は自然に近い分、自然の虫もうようよいる、と納得した。

南国の朝6時。けたたましいニワトリの鳴き声。
「クケコッコー！」
早朝のニワトリは、否応なく疲れた旅人の眠りを破った。木々の下に茂った羊歯の間をニワトリが歩き回り、小さなひよこが親鳥の後を追いかけている。雄鶏は我が春を謳歌するように、声を限りに縄張りを主張している。
「クケコッコー！」
仕方なく朝食に行ったら、もうカメラマンのヒロ君がいた。
「ゆっくり寝ようと思ったらニワトリがうるさくて起こされました。ニワトリの野郎、チキンにして食ってやる。オレの方が食物連鎖では上なんだ」
「南洋の楽園で怒ってはいけませんよ。自然と共に寝て、自然と共に起きるんですよ」
ボクも眠い目をこすった。

朝食を終わって、ニウエ島の町の中心にいってみることにした。ホテルで地図をもらって、ドアが閉まらない車で20kmほど、ほぼ家もないヤシの樹やタロイモの畑の道を走ると、アロフィ町のセンターと書いた立て札のある場所についた。
「ここが町の中心と書いてありますね」
「でも何にもないですよ。店もなければカフェもない、ショッピングセンターも公衆電話も何もない、見事です」
ヒロ君は感心している。センターラインもないかろうじて舗装だけはしてある道の両側は、自然のヤシの樹が生えた家が数軒だけ、廃屋になって窓ガラスのない家もある。どう考えても一国の首都の中心には見えないまばらさ加減だ。
人影が少ないもののたまに歩いている島の女性は、未知の文明の遺跡から出土した土偶のようにアンバランスに太っているし、男たちは闘志満々、白人探検隊と戦う入れ墨のポリネシア人よろしく、がっちりした体格をしている。

＜ガバメントハウス＞と書かれた外壁が破れた政府の建物と、＜ポリス＞と書かれた建物が道の両側にあった。でも週末だからか全部閉まっている。

後で聞いた話では、土曜日曜はすべてが休みで、公務員は週休3日、みんな家族と一緒に過ごすように政府が言っている、また日曜日に海で釣りをしてはいけない、という法律があるともいう。

ニウエの最初の2日間は、週末にかかり何もできなかった。しかたなくボクたちはホテルのレストランで、さんざん待たされるのを覚悟のうえで食事をした。給仕の人たちと話していると、意外と近隣の国から働きに来ている移民が多いことがわかった。相撲取り体型の太った女たちはトンガやフィージー。肌が浅黒くてやせてちょっと色気のある女性は、女給のなかでも一番気がきくフィリッピン人だった。

トンガから来た黒ぶちの眼鏡のふとっちょ給仕嬢は、なにか言うたびにそれが愛想だと思っているのか＜ヒッヒッヒ＞と笑い、何かしてもらうのに2度も3度も言わないとわかってくれない。

「アメリカンコーヒー、プリーズ！」

「アメリカーノ？　ヒッヒッヒ」

そしてコーヒーなど持ってこないのだ。

おまけに、注文したガス入りのミネラルウォーターを飲もうと思ったら、気が抜けてガスがない。賞味期限をみるとなんと2年もすぎているではないか。

別の黒人の男給仕は、真っ黒な顔でちょっとマイルスデイビスに似ているが、自分の知り合いや友達には愛想がいいのに、われわれお客には怒ったように応対する。何か頼んで、1度で通じたことがない、けんかを売られているような気分だ。

「いったいどうなっているんだ？」

「島のシステムがわからないーーー」

戸惑うボクたちだったが、ニウエ人の気質やニウエの現状が、ホテルマネジャーのサイモンに聞いてやっとわかった。サイモンは6年間日本に住んだことがあって、日本語も話せるのだった。彼の説明は以下の通りだ。

ニウエは2015年に日本政府も国家承認した国であるが、ニュージーランドとの自由連合で、ニウエパスポートというのは無くて、住民はニュージーランドのパスポートを持っている。ニュージーランドは福祉が発達しているので、ニュージーランドに行けばろくに働かなくても食って行ける。人口が減ったニウエには、近くのフィージーやトンガ、ツバル、さらにフィリッピンなどから出稼ぎ労働者が入っている。つまりニウエ人は怠惰で働かないから外国人労働者がそれを埋めているのだ。

ニウエには小・中高校がひとつ、大学もいちおうひとつあるが、とにかく生徒に競争心が

ないので誰も勉強しない。そのまま大人になって島でのんびり自給自足で暮らせば、あくせくする必要がないのだ。
やってきたフィージーやトンガの人たちも、もともと南国の島の住民。やっぱりあくせく働く事はしない。しかしニウエ人よりはまし、という程度。
ニウエの通貨はニュージーランドドルであるが、まだまだ原始時代の物々交換が残っている。魚が獲れたから芋と換えてくれ。かごを編んだから米をくれ、といまだにやっているのだ。

「おっ、日本レストランがありますよ」
ヒロくんがネットで見つけた島で唯一の日本レストランに食べに行った時、たった1人の日本人居住者、シェフのキシさんと話をした。
「すし7パックの注文をつくったら、芋をおいていかれてびっくりしました」
と島民との経験を語ってくれた。
ニウエの日本食堂＜カイイカ＞は、すしとニューヨーク風ピザを出す店で、シェフの岸裕一郎さんは店では＜ハゲ＞と呼ばれていた。「あだ名はなんと言うか」と同僚に聞かれて、頭を剃っているから＜ハゲ＞と、自分であだ名をつけたのだった。2ヶ月前に日本から来たばかりで、来年4月には奥さんとまだ小さい子供4人を呼び寄せると言う。
「日本から来て最初の3－4日は、スタバもツタヤもないので戸惑いました。でも今は慣れました」
ワイファイも思うようにつながらない、コンビニもテレビもラジオもろくにない。でもそれはそれで慣れてしまうものらしい。
「ここは空気がいいのでとても気持ちいいです。もう日本に帰る気がしません」
偉い！　ニウエに骨を埋めるつもりなのだ。10年間ニウエに住めば市民権が取れる。岸さんは風貌だけではなく、生き方も坊さんのように達観している。

やっぱり　飲酒運転はダメ

翌日、気になっていた飲酒運転の疑問を、町のポリスに行って調べることにした。道のほとりの Police と書いてある建物に入ると、さっそくボクは質問を始める。
「ニウエでは、酒を飲んで運転してもいいんですか？」
受付にいたでぶっちょの女の人ではなく、奥のほうの制服を着たでぶっちょの男の警官が答えてくれた。
「35ミリグラムまでは OK ですが、それ以上はだめです」
「日本のサイトには、ニウエでは飲酒運転できると書かれています」
「それは間違いです。飲酒運転をみつけると、初回は100ドルの罰金、2回目はもっと高くなり、3回目には刑務所いきです」
「そうですよね、泥酔で運転して合法なわけがない」

ヒロ君が残念そうに言った。

まったく、ナンとかペディアに書いてある事はあてにならない。ウソが書いてあっても訂正する人がいないから、みんながそれを参照して、いつの間にか真実のように思われてしまう。

ある日本の雑誌のニウエ取材記事を読んでいたら、やっぱり飲酒運転は違法でないといって、記者が泥酔で運転したと書かれていた。

みなさん、ニウエでは酒を飲んで運転しないように。

次にボクたちは、ニウエ国に敬意を表して、ニウエ＜ガバメントハウス＞を訪れた。

政府庁で、ボクは「私は日本からの使者です」と言いながら質問を始めた。

「ニウエの現在の人口は？」

「統計局がありますから、そちらに聞いてください」

「ニウエに来る観光客の数は？」

「観光局がありますから、そちらに聞いてください」

「島に飛んでいる黒い蝶の名前は？」

「博物館がありますからそちらに聞いてください」

「ニウエにはテレビ局、ラジオ局がいくつありますか」

「知りません」

「国際結婚の数は？」

「わかりません」

ガバメントハウスで分かった事は、政府には首相が1人と閣僚が3人いて、政府庁には10人のスタッフがいることだけだった。

ちなみに、ガバメントハウスで名前をもらった統計局の責任者＜キムレイバハ＞氏に電話したら、

「アイム　ビジー！」

と言って電話を切られてしまった。まあ週休3日でちゃんと仕事しようとしたら忙しいよね。

この政府について、別のところで会った、あるフィージー人は、

「政府の人もあまり賢くないんだ」

ボクだけに聞こえるように、声をひそめて言った。

ニウエの人口は1800人ほど、ラジオ局はひとつあるものの土曜日曜は放送もお休みであるということだった。

政府庁舎の近くで、朝6時からお昼12時までマーケットが開かれるというので行ってみた。

朝6時、またニワトリに起こされて、ボク1人で市場に行ってみた。マーケットの場所、壁のない大屋根だけの建物には＜ MAKETE ＞「負けて」と書かれている。マーケットには10人ほどの太っちょニウエ人がまばらにいて、3軒の店でヤシの葉で編んだかご、油で

揚げたバナナ、木でつくった置物などを売っていた。店の人どうしが談笑しているだけで、客らしきはボク1人だ。島の井戸端会議である。

朝が早過ぎるから人がいないのかと思って、しばらくして9時にヒロ君と一緒に出直したら、12時までと書かれた市場には、もうさっきあった店さえもなくなり人ひとりいなかった。とことん、やる気ないなあ。

ニウエ村　村おこしの秘訣

ニウエに来たら忘れてはいけない。ニウエ名物、ミッキーマウスコインだ。

コインは、ニウエ国にただひとつしかない銀行か、公衆トイレの裏にある八百屋みたいな売店で売られている。

「すいませーん、ニウエコインをみたいんですが」

「おおやっとお客さんが来たか」

店の人が奥から持ってきたダンボール箱には、大きいのや小さいの、形も色々ある銀色に輝くコインが無造作にどっさり入っていた。

コインの表はエリザベス女王の横顔で、裏はミッキーマウスやスターウォーズの登場人物が色付きで刻まれている。動物や植物模様もある。額面2ドルと書いてあるから、これがニウエ国の通貨かと思ったらそうではないようだ。店のコインの売値は一枚90ドルで、もし2ドルのガムを買うのにこのコインを出したら大損だ。渡された方は喜んですぐに売りにいくだろう。日本の温泉や観光地によくある記念メダルだと思えばそれに近い。ニウエにしかないメダルで思い出になるし、女王様の肖像がはいって偉そうだから価値がある。またミッキーマウスが好きな人は、コレクションに加えればいい。

「これください」

ヒロ君は、迷わずスターウォーズのダースベイダーのコインを買った。ヒロ君は40年来のスターウォーズファンで、すべてのDVDも持っているしダースベイダー人形までコレクションしているという。

「スターウォーズはSF映画の傑作です」

「これはボクの人生の教科書です」

とまで言った。ダースベイダーのニウエコインはヒロ君末代までの家宝となるに違いない。

ボクは、アルキメデスの肖像のはいったπのコインを買った。直径が5cmはある銀色に輝く立派なコインだ。アルキメデスは紀元前に円周率の近似計算をしたし、ボクも円周率の不思議さに感心しているのだ。古風な服のアルキメデスの横に　πと書かれて、3.141592653-----と円周率が螺旋状にだんだんと小さく入っている。その横に四角いホログラフがあり、その下に円が直線に乗った図が書いてある。ピカピカのコインの反対面は、もちろんエリザベス女王2世だ。王冠をかぶった女王様の横顔が、気品高く銀色に光っている。コインの両面、イギリスの女王様と古代のアルキメデスはあまり関係無いような気も

したが、なあに、女王様はべつにミッキーマウスだってお好きな訳ではあるまい。
しかしこのコイン、鞄に入れて一時間もしないうちに、接着剤で貼付けてあったのかホログラフの四角の板が、触りもしないのにはがれて落ちてしまった。後で顕微鏡で見たら、ホログラフ板にはびっしりと小さな数字が書き込んであった。円周率が何万桁か書いてあるのだ。アイデアとしては面白いけど、すぐに不良品になるニウエのコインも、ぜんぜんやる気ないなぁ。

＜ニウエ＞と検索すれば必ず出てくる世界的に有名なこのコインも、要は究極の村おこし、苦肉の策だった。島には産業が無い、観光資源も人的資源も、島民のやる気もなければアイデアもない。観光シーズンの間は週に2便飛んでくる飛行機も、シーズンオフには1便になる。一念発起、数年前に村おこしの国営ホテルをつくったら、台風で吹き飛ばされあっけなくおじゃんになった。今の首相が、公務員の給料を上げると公約して選挙に勝ったものの、国にお金がないので出費は増やせない。しかたなく公務員の週休を3日にして、いままでと同じ給料を払って実質的な時給を上げたのだった。この調子でいけば週休6日、7日の日も近い。

村おこしのコイン以外、もうひとつの妙案はニウエのドメイン＜ .nu ＞を売って金にしていることだ。隣国フィージーとトンガの間にある小国ツバルのドメインが＜ .tv ＞で、世界中のテレビ局がお金を出して買うのと同じである。
では、ニウエのドメイン＜ .nu ＞を買っているのは誰か？　それは世界中のポルノサイトである。nu はフランス語で＜裸＞という意味だし、英語の nude の nu だろう。今やニウエは世界中のポルノサイトに名を馳せている。
ボクはニウエ村の村おこしのアイデアについて言った。
「ニウエの島おこしは、ポルノ天国・ニウエで行ったらどうだろう？」
「でも、あのでぶっちょでは、デブセン以外興奮する人はいません」
カメラマンのヒロ君が理性的で冷静、かつ現実的な意見を述べた。
「うーむ、ではニウエの村おこしはどうしたらいいんだ？」

色々考えた末、ニウエの島おこしについてボクの結論は、＜世界中の優秀な頭脳の持ち主に、ニウエの村おこしをどうするか聞いて、アイデアコンテストをすること＞だった。世界一過疎の小国が村おこしのアイデアを世界中に募集するとニュースになり、それ自体が島の宣伝になる。万が一、いいアイデアが寄せられでもしたら、怠慢な政府はそれに飛びつけばいいし、コンテスト優勝者をニウエにご招待すれば観光客が1人増える。めでたしめでたし。
さて楽園の旅も終わりに近づいた。ニウエ島の穴ぼこだらけの道をドアの閉まらない車で

一周してみたら、やっぱり本当になにもない。島の海岸はサンゴの岩が波に浸食されて崖になっていて、ほぼ砂浜はない。山もなければ湖も無い。平坦な狭い道の両側にはヤシの樹と羊歯のしげみ、ところどころに民家があるものの島を出た人が住んでいたのか廃屋も多い。蝶は舞い、ニワトリが道で遊び、野生の豚が行く手を走って行った。

さよなら南洋の楽園

ボクとヒロ君は、数日間のニウエ滞在を終わって、シーズンが終わり来週から週1便になるという最後の飛行機で、ニュージーランドのオークランドに帰って来た。オークランドは人口180万人、ニュージーランドで最もにぎやかな商都である。

ずいぶん昔のような気がするけれど、つい3−4日前、ボクたちはこの街を歩いていた。その時の印象は、街に中華系や朝鮮系、日本人も結構いるし、道路はあちこち工事中でファストフードも多く、ニューヨークのような雑多なエネルギーにあふれていた。しかし、道でタバコを吸っている人が多いのに閉口したし、おせじにもきれいな町とはいえない。必ずしも好意的な印象ではなかったのだ。

それが今、一週間のニウエ滞在の後、またやって来た同じオークランドの町が、いかに違って見えたことだろうか。

ニウエの照りつける太陽と汗ばんだ体の感触。ニワトリの鳴き声と乱れ飛ぶ蝶の大群。おおらかでやる気のないでぶっちょの男女———。

それにくらべてオークランドの肌寒い清冽さ、夕食を食べたカフェ・ハノイというベトナムレストランの給仕のすばやい接客、店のざわめきと料理のにおい。客の女性がいかにおしゃれで魅力的、男性がいかにスマートで颯爽とみえたことだろう。オークランドは活気にあふれ、やる気満々、モダンでセンス良く、生きる歓びに満ちていた。

カメラマンのヒロ君にニウエの印象を尋ねた。
「ヒロ君、ニウエの感想はどうだった？？」
「僕は、3代前から江戸っ子ですから———」
ヒロ君は都会のほうがいいと言っているのだ。

そうしてボクも、東京のイワオカ編集長を思い浮かべながらつぶやいた。
「やっぱり、ボクは罪深い人間です。
絶海の孤島、南洋の楽園、地上の天国、最後のパラダイス
＜ニウエ＞にはとうてい住む事はできません」

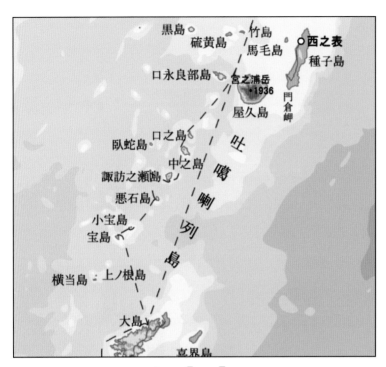

トカラ列島
Tokara

吐噶喇列島（とかられっとう）は、鹿児島県に属し、屋久島の南から奄美大島の北に至る約
１６０キロメートルの間に点在する12の島々を指す。2018年11月悪石島に伝わる「仮
面神ボゼ」がユネスコの世界無形文化遺産に登録された。

島データ

面積：101平方キロメートル　全島人口：６８４人

行き方：（飛行機🛩）羽田空港発〜鹿児島空港着　１時間５０分➡（タクシー🚗）鹿児島
空港発〜鹿児島港着　約１時間➡（フェリー🚢）鹿児島港発〜小宝島着　11時間（１週
間に２回、鹿児島と奄美大島を往復し各島へ順番に上陸）　現地（小宝島）の移動：（徒歩👞）

文◎　村山　眼蔵

トカラ列島漫遊記

月に一度、恒例になった希の樹出版の編集室で、イワオカ編集長との３月ミーティングでのことだった。

「キミらには、究極の贅沢を体験してもらう」

イワオカ編集長の言葉に、思わず顔を見合わすボクとカメラマンのヒロ君。
＜究極の贅沢だって？？　ホントに？　それはすごい！＞
＜ヤッホー！　アマンコラのリゾートにしようか、フィリッピン？　ブータンの山の中もいいなあ。＞
＜それとも豪華客船で世界一周？　タキシードを用意しなくちゃ＞
＜いやいや、フランス・イタリアの三ツ星レストラン全部を巡るひと月の旅？　ワインは好きなものを注文してもいいのかな？＞
プール付きのコテージから、冷えたワイングラスを手に遠くキリマンジャロを物憂げに見つめる自分の姿も目に浮かんだ。
「いいですね。喜んでーーー」
ヒロ君も満面の喜びを隠そうとして、ちょっと渋い声で言った。

イワオカ編集長からの秘密指令とあれば、身を粉にして仕事に励もうとするボクたち。しかし＜究極の贅沢＞という言葉に期待を胸にしたボクたちを置き去りにして、事態は思わぬ方向に展開するのだった。
イワオカ編集長はこう言った。
「トカラ列島に行ってもらおう」
＜？？＞
訳がわからないまま、意味をつかもうともがくボクたち。
「トカラ列島ってどこなんでしょう。フィリッピンですか？」
ヒロ君はまだ、シャンペンを手にクルーザーで花盛りの島を巡る自分の姿を夢想していた。しかし、ボクはもうイワオカ編集長の性格も少しは分かっている。出版業界が斜陽に突入した時代に、贅沢三昧の記事を書くために予算を組むとは考えられない。これには裏があるはずだ。
「トカラ列島とはここだ」
むかし学校で使ったような地図帳を広げると、イワオカ編集長は、おもむろに九州の南の海の小さな緑の点を指差した。
＜あれ？＞

ヒロ君が驚いた。誰も行かないような九州の離れ小島にシャンペンはないことを了解してがっかりした。ヒロ君も大人なんだから、もうちょっと感情の表現に気をつけたほうがいいかも。

「鹿児島の南方にあるトカラ列島は12の島からなり、5島は無人島で7島に人が住んでいる。君らには有人島のうち一番小さい＜小宝島、コダカラジマ＞に行ってもらう。

君らも知っている通り、今の日本にはモノが溢れ、コンビニ・スーパー・モールに行けばなんでも買える時代だ。それにサイトの通販ではパソコンで注文すれば品物をいつでも届けてくれるし、裏サイトなら武器に麻薬、人体臓器まで何でもそろう世の中だ。

溢れるモノと情報に押しつぶされる中で人間性が失われ、何を選ぶかがストレスになっている状況だ。そこで＜何もないのが贅沢＞という言い方が生まれた。過剰なモノに追われる世界からモノを取り去って、非日常を体験することはすでに贅沢なのだ。それを君らに体験してもらいたい。

本当は無人島がいいんだが、やっぱり君らがかわいそうだから有人島にした」

イワオカ編集長は、ちょっとサドっぽく付け加えた。

「小宝島には、何にもないから」

確かに、最近のホテルの宣伝などで＜何もない贅沢＞と言っているのを耳にする。＜何もない＞と言っても、心地よいベッドと清潔なシーツはあるだろう。部屋にテレビがなくても、電話があってレセプションに連絡すれば至れりつくせりのサービスがあるはずだ。周囲に便利な店やショッピング街がなくてもホテルには豪華なレストランもあれば、周りにきれいな海や湖、牧場や山があったりする。＜何もない＞わけではない、あれこれのモノと必要なサービスが目の前からスッキリとカバーされているだけではないか。

で、＜小宝島＞は？

そんな島のことは初めて聞いたし、全くイメージが湧かない。そこが本当に究極の贅沢なのか？　ひょっとして芸能人がお忍びで行く心地よい風景があるのかも。サントロペだってブリジットバルドーが行くまで、閑散とした漁村だった。まあとにかく、知らない場所に行くのは大好きだから、

＜よーし、何もない贅沢を堪能しにトカラ列島に行こうではないか！＞

さっそく事前調査に取りかかった。

トカラ列島は、鹿児島の南方、屋久島と奄美大島の間に点在する火山性の島嶼である。本来は漢字で＜吐噶喇列島＞と書くが、字が難しいのでカタカナで書くことが多い。トカラ列島の島は、日本一細長い村、南北160kmの十島村（としまむら）に含まれる。北から口之島、中之島、諏訪之瀬島、平島、悪石島、小宝島、宝島と並び、人口は全島合わせても700人ほどである。村役場は島にはなく鹿児島市に設けられている。

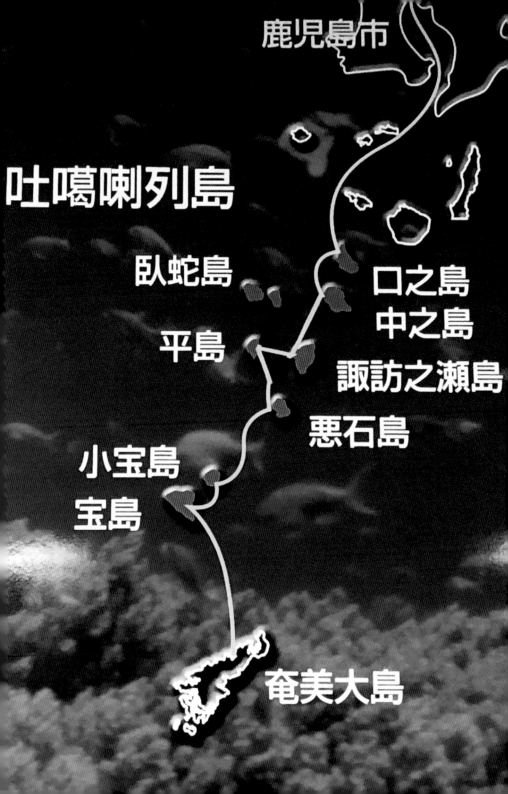

イワオカ編集長が選んだ＜小宝島＞は有人島の中で一番小さく面積1平方キロ。サンゴ礁の島で船の接岸も難しく、1970年に無人島となった臥蛇島と同じように、島民が去る話もあったが、今も島には52人が住む。平家の落人が流れ着いたという伝説があり、島独自の動植物、文化に特色がある———。

究極の贅沢への船出

出版社のトシちゃんが予約してくれたのは、鹿児島港を深夜11時に出港する＜フェリーとしま2＞だった。

ボクとヒロ君は鹿児島まで飛行機に乗り、タクシーで鹿児島港の南埠頭のすぐ横のフェリーボートの待合室に到着することができた。

午後10時。時間も遅いし街中で食事してきたのが良かった。待合室には椅子が並んでいるだけでレストランもなければ売店もなかった。チケット売り場のオバさんの他には、23時発の同じフェリーに乗るのだろう、作業着姿の男が2人手持ち無沙汰に時間を潰していた。何とも殺風景な待合室だ。

薄暗い部屋を見回していると、悪石島のボゼ祭りの鬼のポスターがある。また壁に貼ったお知らせが目に入った。

＜トカラの旅には健康第一、体調管理は自分で注意して＞

旅の健康は自己責任というわけだ。まあどこに旅に出るにしても調子が悪いと台無しだし、他人が自分の健康に責任を持ってくれるはずはない。至極もっともな注意だ、でもわざわざ書いてあるということはよほど厳しい旅になるのだろうか、医者もいないのかもしれない。

＜持っていくと便利な物＞　のリストには

＜虫除けスプレー＞、実にたくましい蚊がいます

＜はき慣れたスニーカー＞、ワイルドな道もあります

＜自分の好きな食べ物、お菓子＞、売店にない場合があります

＜洗面用具一式、寝巻＞、民宿なので念のため

とご丁寧な注意書きが付いている。

「ヒロ君、虫除けスプレー持ってきた？」

「いえ、持ってません」

「タオルと寝巻は？」

「いいえー、いるんですか？」

最近のホテルも旅館も、タオルはもちろんアニメティーー式、寝巻まで付いているのが日本の常識だ。

「ううむ、実に入念な但し書きだ」しかし、小宝島には何もないということだ。

「一体ぼくたちはどうなるんでしょうか？？」

ヒロ君はそれでも笑いながら言った。出港時間が迫り、コンテナの積み込みも終わり、ボ

十島村にこられる方へ

トカラの旅には健康第一。体調管理は自分で注意して、楽しいご旅行を!

持って行くと便利な物

- ●保険証
- ●常備薬(普段飲んでいる薬多めに)
- ●酔い止め(船酔いしやすい方)
- ●かゆみ止めと虫除けスプレー
  (実にたくましい蚊がいます)
- ●帽子(日射病予防)
- ●はき慣れたスニーカー
  (ワイルドな道もあります)
- ●長袖シャツ(虫よけや日よけ)
- ●自分の好きな食べ物(お菓子)
- ●フィルムやカメラの電池
  (売店にない場合があります)
- ●洗面用具一式・寝巻
  (民宿なので念のため)
- ●水筒か小さなペットボトル
  (ハイキングに出かけるとき便利)
- ●多めの現金
  (金融機関のない島もあります)

クとヒロ君は、ゴロゴロと荷物を引きながら乗船のタラップを昇っていったのだった。

ボクたちのチケットは指定寝台だ。出航後、船の中を散歩しようと廊下を歩いていると、一等船室の方からちょっと派手なカップルが歩いてきた。船の揺れで肩が触れそうになって、男が「失礼」と言った。
「あの人は　N氏ですね。通販業界の有名な実業家です」
と、ヒロ君がコメントしてくれた。
黒の上着に金時計、中背でメガネをかけ、頭とひげに白髪が混じっている様子は50代後半だろう。一緒にいたまとめ髪の若い女性は20代後半で、派手なピンクのジャケットを着て、一瞬だったのでよくはわからなかったが結構な美人のようだ。かすかにゲランの香りがした。
「N氏はテレビによく出ている有名人です。お忍びで旅行ですかね」
「トカラ列島に行くのだとしたら、やっぱり究極の贅沢を味わいに行くのでしょう」
ボクは有名人には興味がないものの、いつあの2人は乗ってきたのだろう。さっきの閑散とした待合室を考えるとちょっと場所が不似合いだけど、華やかなオーラを感じた。

＜フェリーとしま2＞は、排水量2000トン弱で全長93メートル、航海速度19ノット、乗組員19人、旅客定員297人のフェリー船である。間にあるトカラ列島の島々に寄りながら、鹿児島と奄美大島を一週間に2回往復している。乗客の他に島の日用品、乗用車やバイク、トラックや工事の重機なども運んでいる。ちなみにこのフェリーは村営で、住民700人の十島村がフェリーを経営している。定期飛行便がないトカラ列島の生命線なのである。
鹿児島を夜の11時に出ると、平島には翌日8時10分、小宝島には10時45分、お昼前には到着だ。
船は少し遅れて午前11時に到着、小宝島でフェリーから降りたのは2-3台の軽自動車と、旅客はボクたちともう1人の作業服だけだった。あの派手なカップルは、別の島で降りたのかまだ船に乗っているのか、見かけることはなかった。港にはコンテナを降ろしたり上げたりするヘルメット姿の作業員が20人ほど働いていた。

荷物を抱えて船のタラップを降りていくと、
「小宝島のガイドです、島を案内しますよ」
港で待ち構えていたのは無精髭のオジさんで、無料でガイドしてくれるという。名刺をもらってあとで連絡することにした。
「ムラさん？　民宿の者です」
イワオカ編集長の美人秘書、トシちゃんが予約してくれた民宿の人が港まで軽四で迎えにきてくれた。
車で10分、民宿の6畳の和室が今日泊まる宿だった。

昼食は、刺身にフライ、味噌汁も全部魚の家庭料理。ヒロ君の豪奢なシャンペンの夢ははかなくも確実に終わった。ヒロ君はそんなことはとっくに忘れている様子。
「この味噌汁おいしいですね、アゴ出汁ですか？もういっぱいお代わりください」
民宿のオバさんに呆れられながらも、旺盛な食欲だ。
「カツミさんにガイドを頼まれたらいいですよ」
おばさんのススメもあって、島のガイドをさっきのオジさんにお願いすることにした。

午後1時半、岩下勝美（イワシタカツミ）さんは長い杖を手に、背中にリュック、軽いスニーカーという出で立ちで民宿に現れた。75歳。小宝島で生まれ育ち東京の大学に行き、定年を機に1人で島に戻ってきた。小宝島を訪れる旅行者をガイドするのが仕事であり楽しみとなっている。カツミさんは島の歴史の研究家でもある。
「こんにちは、岩下と申します。島のほとんどが岩下姓なので、みんなからカツミさんと呼ばれます」
と自己紹介をした。

1時間で終わる島の観光
広さ1平方キロの小宝島は、歩いても40分ほどで島を一周できる。せっかちなヒロ君も、カツミさんのしっかりした足取りに合わせて3人で歩き始めた。

「ここは村の発電施設、24時間電気が使えるようになったのは1978年からです」
「その横は村の淡水プラントです。1日に2万リットルの水を浄化します。これができる前は井戸の水を使っていました」
カツミさんの説明に、離れ小島の生活の大変さの一端が見えてきた。今や生活に電気や水は当たり前であるが、以前は薪と蝋燭、水は雨水を貯めたり井戸を掘って暮らしていた。ある時、井戸の水が枯れた。水がなければ村人は島を離れるしかない。村の祖主（おやしゅう）という祭事を司る今助ジイさんが神託を受け、「ここだ」という場所を掘り続けたら7日目に真水が出た。その時、新しい井戸の水を汲む子供達を優しく見守る女神の姿も目撃されたという。

「ここは大岩屋、平家が隠れ住んだ場所です」
カツミさんが示した場所には、崖の前にサンゴ礁の石が塀のように積まれて、崖の方に伸びかけて、遠慮したように反っているガジュマルの樹があった。塀の内側に道から見えない崖の洞窟があり、薄暗い中をのぞいてみると腐りかけた木製の平船が置いてあった。
1185年の壇ノ浦の戦いの後、敗れた平家は源氏の追っ手から逃げて、日本各地に落人

村を作った。落ち延びた平家は武士だけでなく女子供もいて、源氏は平氏を見つけると容赦無く殺していったという。トカラ列島の各島には源氏の追手の見張り台があり、本土のある北の方角を警戒していたという。

＜沖の白波を見れば源氏の旗かと恐れ、夜釣りの船の明かりも源氏が攻めてきたかと震えた——＞　こうして何十年も怯えた生活が続き、源氏が攻めてこないと安心できる時代が来ても、心理的トラウマは続いただろう。

「離れ小島というと、犯罪人の島流しのイメージがありますが、落人だとするともっときついですね」

とヒロ君が言った。

「島流しなら故郷を思って暮らせば済むけど、追われて離れ小島にくると、都が遠い不便さの上に、いつも敵に怯えて生活しなければならない」

村にひとつの小中学校があり、校舎や運動場、黄色い壁の立派な体育館もあった。

「生徒が10人で先生が7人です、英語専任の外国人教師もいます」

「マンツーマンに近いですね、お金がかかってますね」

ヒロ君が言った。

また、小宝島にはれっきとした温泉がある。しかも源泉かけ流し、湯沸かしなしの硫黄露天風呂である。なんでも本当は屋根があったのだが、台風でぶっ飛んでしまって、それ以来露天風呂なのである。

海岸の方に坂を降りていくと、地面のコンクリートが割れて、あちこちに湯気が上がっているではないか。そしてその先には、岩の裂け目から湧き出すお湯をコンクリートで囲って3つの浴槽にしてある、白く濁ったお湯の露天風呂だ！　無人で無料、365日24時間入り放題である。

かつては、島中の人がみんなで温泉に入って親交を温めたという。もちろん男女混浴で水着着用不可。ゆったり体を温めるとすっかりその気になって、小宝島はかつてはまさに＜子宝島＞だったらしい。それが今では30戸ほどの島の家庭に内風呂が完備され、露天風呂を使う島の人は3－4名になってしまった。カツミさんはそのうちの1人で、東京から島に戻ってからずっと朝晩2回、毎日温泉に入るのが日課なのだった。

「そのせいですかね、齢の割に肌がキレイだと言われるんです」

と、カツミさんが言った。子宝には恵まれないだろうけど、まあ、今度機会があったら拝見しましょう。

離れ小島では、神社や神様が身近に感じられるし、島民の生活の中で不思議な出来事がたくさんあったらしい。神社を巡っているときに、カツミさんはボクたちに注意した。

「神社の石や陶器は触らないように」

神社の花を入れる花瓶など、古くて珍しい須恵器などがあるのを、千葉から観光に来た人が好奇心で持って帰ったら、数ヶ月後に原因不明の激しい頭痛と体調不良で、医者にかかっても原因がわからず、ある時に霊感のある人に ＜神聖な陶器を持ってきたでしょう＞と言われ、わざわざ島まで返しに来たのだそうだ。その人の病気が治ったのは言うまでもない。

カツミさん自身が＜神様＞に会ったこともあると言う。

「10年ほど前、茂った樹の枝の一部だけが揺れ始め空気が動いて、眼の前に神様が現れたんですーーー」

カツミさんは自分の家系やルーツを調べて本を書いていて、苦労しているうちに神様がそれを助けてくれたのだそうだ。別れ際にカツミさんは＜十島村の謎＞という本をボクたちに進呈してくれたのだった。

そうこうしているうちに、ボクたちは小さな島を一周してしまった。「ではまた」とカツミさんが行ってしまうと、もう何もすることがない。

島の古くからの民家は数えるほどしかなくて、ガレージも庭もゴミだらけの家がある。数十年の生活ゴミが溜まっているのだ。ゴミは本来鹿児島に送り返すのだそうだが、費用のかかるゴミの搬送はなかなか進まない。新しい家にはゴミはないけれどクーラー室外機が完全に錆びていたりしている。島のあちこちに捨てられた軽自動車が、赤錆にまみれて朽ちている。病気になった人は鹿児島の病院に行ってしまうので、無人になった廃屋は数年もしないうちに植物と潮風に侵されて腐食して自然に還ってしまう。盆栽を置いたり花盛りの花壇があるような家もなく、島の印象は、なんとも殺風景な風景だ。

田んぼもなく、畑といっても見たのは10畳ほどの麦畑と、もっと小さい畑のキャベツだけだ。食料は、鹿児島や奄美大島に注文すると、フェリーがそれを運んでくれるという。島を一周して会った人は、畑仕事をする93歳のおばあさん1人で、電動椅子をそばに置いて畑仕事をしていた。ボクたち以外の観光客もいなかった。他に見た生き物は＜特定離島ふるさと起こし推進事業＞と書かれた牛舎の横の牧場で、まばらな草を食べていた数頭の牛だけだ。コンビニ店もないしカラオケも食堂もない。お金を使おうにも使うところがない。唯一民宿の近くにジュースとコーラの自動販売機があった。それが全てなのである。

「なるほど、何もないというのはこういうことだったのか」

島の贅沢、露天風呂温泉

ヒロ君と天然自然露天温泉に行くことにした。

露天風呂には他に人はいなかった。ヒロ君と2人きりで、潮騒を聞きながら硫黄の臭いの濁った湯に浸かる。3つあるうちの真ん中の浴槽がちょうどいい温度だ。極楽極楽。

「うーん　いい湯だね」
ラウドスピーカーから、島の有線放送が聞こえてきた。
「ピンポンパ、パーン。こちらは島役場です」
「明日の23時、鹿児島発のフェリーは、悪天候のため、欠航となりました。次の出港予定は分かり次第お知らせします。ピンポンパ、パーン」
「夕方5時からバレーボール大会が学校の校庭で開かれます
みなさん、こぞって参加してください。ピンポンパ、パーン」
島民に必要な様々な情報を知らせる重要な手段だ。島のどこにいてもはっきり聞こえる大声だ。

温泉大好きなボクとヒロ君が長めの湯に入っていると、島の人が湯に入りにやってきた。
「よろしいか？」
「どうぞどうぞ」
さっき畑で見た電動椅子の93歳のおばあさんだ。昔の風習のせいか齢のせいか、混浴も気にしないでお湯に入る。
「あなたはここに入りなさい」
おばあさんは、熱い方の湯に入るようボクに言った。幼児に話すような命令口調だけど、有無を言わせぬ響がある。
「はい」ボクはおばあさんの言葉に従った。
「昔はなあー」
ボクが熱い方のお湯に入ると、おばあさんは昔話をしてくれた。トカラ列島がアメリカ軍に占領されると鹿児島に行きにくくなって苦労したという。終戦間近アメリカの戦闘機が、日本軍もいないし武器も基地もない島に飛来してきて、いきなり島民を機銃掃射したという。銃弾はおばあさんの足を貫通して、なんとか命は助かったものの、足は一生不自由なまま苦労している——。ゲルニカの街の名前は世界中で知られているけど、アメリカ軍の日本での蛮行も語り継がねばならない。

翌日、有線放送で言っていたように鹿児島からのフェリーは来なくて、ボクたちは手持ち無沙汰な1日を過ごした。もう一度島を歩いて回った。学校の前を通ると、開いた窓から島の小学生と中学生が勉強しているのが見えた。みんな振り返って、こっちが見ているよりもっと一生懸命に子供達はボクたちを見ている。珍しい動物になったような気がした。

島の途中に、山に登る道の標識があった。
大きくて立派な標識には ＜竹之山＞ とあり、横の小さな手書きの看板には ＜竹ん山＞ と書かれている。

「行ってみようか？」

「大丈夫ですかね、ハブは？」

民宿のおばさんからハブのことを聞いていたのである。奄美ハブと違って、トカラハブの毒はそれほど強くない。

「ケンさんがハブに手を噛まれて、大したことない！と言ってたら、噛まれた腕がブヨブヨに腫れて、その腫れが時間とともに肩まで上がり、背中の方までブヨブヨになって気持ち悪かった」

15分もすると標高102メートルの頂上についた。

海を渡ってくる強い風が周囲の竹やぶに遮られて、ボクたちは居心地のいい地面に座って景色に見とれていた。野いちごの花の芳香が漂っている。そばの木に島の小中学校の生徒が登ってきた時の寄せ書きの1ｍ四方の布がかかっていた。＜平成30年　竹の山登頂記念小宝島小中学校＞と書かれている。山に登った記念に生徒の言葉がマジックで寄せ書きされていた。この島に生まれて育った子供たちは、どんな風に島のことを思っているのだろうか。

カツミさんが島を案内してくれた時、小学生のころのことを語ってくれたのを思い出した。

「水平線というけれど、ボクの目には水平ではなくて、地球が丸いのがわかるほど曲がって見えた。それをどう絵に描いたらいいかわからなかった」

それほどに島は孤立して絶海なのだ。

かつて明治の富国強兵の頃は、兵役・納税・教育の義務のうち、義務のはずの教育だけが無視されて島に学校がなかったという。その後の島の歴史の中で、児童がいなくて学校が閉鎖された時期もあった。そして今、生徒10人の学校に似合わない立派な体育館のある学舎はこの島の誇りなのだ。しかし島には高校がないから、小中学校を終えたら、子供は家族と別れて鹿児島の高校に行かなくてはならない。高校の後、島に帰るのか都会に出るのか。もし島に住む人がいなくなれば臥蛇島のように無人島になるしかない。小宝島の子供達は、島民の切羽詰まった危機感と期待を託されている。

山の上の木にかかった子供達の登頂記念の布には、＜希望＞＜友情＞＜明日を信じて＞＜強くたくましく＞＜凛と生きる＞など、立派だけど月並みな言葉が並んでいる。

その中で1人だけ＜きれいな字を書く＞と書いている子がいた。字が汚くてみんなにばかにされたのか、「もっときれいに字を書け」と親に言われたのか。遥かな水平線の見える山の頂上で、きれいな字を書ける人間になりたいと願った子がいたのだった。

ボクたちは海を渡る心地よい風に吹かれながら、何年か何十年か先、この子がきれいな字を書く立派な大人になって島に帰ってくる時のことを考えていた。

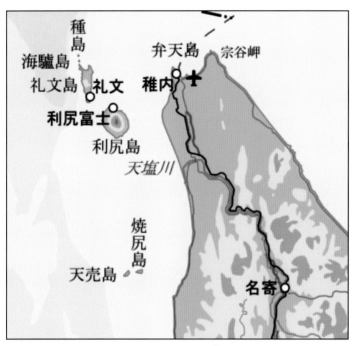

種島

海驢島

弁天島　宗谷岬

礼文島　礼文　稚内

利尻富士

利尻島

天塩川

焼尻島

天売島

名寄

てうり　とう　　やぎしり　とう

天売島 焼尻島

Teuri Island　Yagishiri Island

天売島（てうりとう）は北海道北西部28キロ沖合の日本海に浮かび、東側に位置する焼尻島（やぎしりとう）とともに苫前郡羽幌町に属している。3月から8月にかけては数種の海鳥の繁殖が確認されているが、ウミガラス（オロロン鳥）については日本唯一の繁殖地である。

島データ

天売島　面積：5.47平方キロメートル　人口：273人

焼尻島　面積：5.21平方キロメートル　人口：198人

行き方：（飛行機 ✈）羽田空港発～旭川空港着　1時間40分 ➡（レンタカー 🚗）旭川空港発～羽幌町着　約2時間35分 ➡（フェリー ⛴）羽幌沿海フェリーターミナル発～焼尻島着　1時間 ➡（フェリー ⛴）焼尻島発～天売島着　30分 現地の移動：（徒歩 👞）

文◎　村山 眼蔵

天売島　焼尻島
<ruby>天売島<rt>てうりとう</rt></ruby>　<ruby>焼尻島<rt>やぎしりとう</rt></ruby>

新宿の人混みの中を歩いていても、ボクはどこか夢見ごこちで落ち着かなかった。時差ボケはとっくに解消していたけれど、長旅の疲れもまだ残っていた。無数の見知らない人がボクの回りにいる現実が、本の中の話のように手応えがなかった。

3ヶ月の旅行は過酷だった。南米へ1人で出かけ、パタゴニアをさまよいガウチョの孤独を味わうはずが、現地で食当たりし瀕死の状態で夢うつつの間をさまよい、病室の孤独を味わうという、最悪の旅行を終えたばかりだったのだ。

そんな状態のボクをイワオカ編集長は思いやってくれたのか、あるいは＜孤島＞シリーズの期限が迫っていたのか、希の樹出版の事務所で、ボクにこう言ってくれたのだ。
「キミはしばらく休養が必要だ、誰もいない場所でゆっくりして来い」
次の＜離島＞秘密任務は、北海道の北西、日本海に浮かぶ天売島と焼尻島だというのだ。
「天売島は人口300人。海鳥の繁殖地で100万羽の鳥を見ることができる———」
しかしその後のイワオカ編集長の説明も、ぼんやりしたボクの頭にはほとんど入ってこなかった。
秘書のトシちゃんも病欠か何かでいないから、旅行の予約は自分でするように、とも言っていた。

天売島は、北海道の西海岸、<ruby>羽幌町<rt>はぼろちょう</rt></ruby>から西28Km 沖にあり、フェリーで1時間半ほどで行ける。周囲12Km、徒歩でも一周できる大きさだ。珍しい海鳥の繁殖地で＜海鳥の楽園＞と呼ばれている。
隣り合った焼尻島は天売島と同じく周囲12Km、似たような経歴をたどって島の産業は漁業と観光である。

飛行機の予約は簡単だった。しかし島での宿の予約に手間取った。
「今は営業していません」
「来週から閉めますので——」
「内地からのお客さんはお断りしています」
「いま島にいらしても見るものがありません。鳥はいないしウニは獲れないし」
9月の島巡りは季節外れでもあるし、宿の人もぜんぜんやる気がないのだ。それでもやっと島の対岸、羽幌町に宿を見つけた。そこからフェリーに乗れば1時間で島に行ける。

北海道　羽幌町
ヒロ君と羽田空港で落ち合った。

「北海道はいいですねぇ、久しぶりです。最後に行ったのは二年前の彼女とーーー〜」
「今回はボクと。お手柔らかにねーー」
ボクの耳もどうかしてしまったに違いない。ヒロくんの声が水の中から話しているようにボコボコして聞こえる。風邪をひいたときに自分の鼓動が大きく聞こえ、自分の声ばかり響くのと同じだ。
「なんかちょっとお疲れですか？」
「いや、大丈夫」
さすがヒロ君はカメラマンという職業柄、人の変化に敏感だ。

飛行機から見下ろす北海道は、広々した土地に原生林も残っているし、畑の区画も大きく家と家の間隔も広々している。南米パタゴニアの広大さには及ばないとしても、日本の本州の風景に比べると外国のような趣がある。

空港から羽幌の街までレンタカーで走る。羽幌のホテルは＜サンセットプラザ羽幌＞である。着いた頃はすっかり日が暮れて、道路沿いの看板を照らす水銀灯に、スズメくらいに大きい天蚕蛾が何十匹も群れている。今まで普通に見てきた蛾はせいぜい１－２cm の大きさなのに、天蚕蛾は羽を広げると10cm 以上ある。そんな鳥の大きさの蛾が何十匹も光の周りで飛び交っている。初めて見る風景で現実離れしている。

かつて羽幌町の周りにはいくつもの炭鉱があって、日本でも屈指の優良炭鉱として稼働していた。街の人口は今の５倍あって盛況を呈していたものの、1970年に炭鉱は閉山した。また閉山に伴い廃線になった鉄道も、国鉄羽幌線、留萌鉄道、天塩炭礦鉄道、羽幌炭鉱鉄道、羽幌森林鉄道があり、町の近辺に鉄橋やトンネルが放棄されて廃墟、残骸になっているのを今でも見ることができる。＜むかしは良かった＞

ホテルの食堂に行くと、４人の作業員風の男たちが散らばって黙々とカレーや丼ものを食べていた。ピアノのジャズ音楽がかかっているのが、北海の労働者たちの体臭とちぐはぐだ。最近はホテルばかりではない、どこのカフェに行っても、寿司屋でさえジャズがかかっていることがある。まあ適当にオシャレっぽい音楽でもかけておけ、という投げやりな意図が透けて見える。
ヒロ君がかかっている音楽について言った。
「ピアノはセロニアスモンクですかね？」
「いや日本のジャズマンがそれっぽく弾いているようです」
日本人は器用だから、モンク風のミスタッチまで再現してみせる。ボクの耳には海の中のクジラの音楽のように聞こえている。

ボクたちは、地元の甘エビが山盛り乗せられた海鮮どんぶりと、エビとたこの入った餃子、大皿の刺身などを食べて、早々に食堂を出た。

ホテルの部屋はタバコも吸える和風の部屋で、さっきの作業員風のおじさんたちが1日の終わりに宙を見ながら煙を吹き上げているのだろう、部屋に入った途端にニコチンタールの匂いが鼻についた。模擬大理石の大きな灰皿が2つも置いてある。

よほど冬の寒さが厳しいのか、部屋に巨大なラジエーターがあった。長さが2m、高さ60cm、幅30cmの鋳鉄のラジエーターが、窓の前に家具のように存在感を主張している。

天売島

朝8時。羽幌港からフェリーに乗る。自家用車が数台と作業車が3台、乗客は全部で15人ほどで、489トンの巨大な船は空っぽ状態だった。

船の旅はいつも受け身の旅の気分だ。もちろん目的の島を決めてチケットを買うのは自分であるが、いったん船に乗ってしまうと後は運ばれていくのを待つだけだ。巨大な船に乗せられて海面を進むのは、大病や事故を経験した人が、＜自分が生きているのではない、生かされているのだ＞と言う言葉を連想させられる。

今までしたことがなかったけれど、そんな話をヒロ君に問いかける。

「僕もそう思います。人の人生の最初と最後は決まっていて、まん中は努力次第で多少の変化や幅があるものの、人生そのもの、いつ生まれていつ死ぬかは運命のように決められているーー」

ヒロ君が宿命論者のようなことを言った。

「人と人の出会いも全て理由があり必然だと思います」

とも言った。なるほど、ヒロ君の彼女との出会いもボクとの出会いも必然的な意味があったのか。

羽幌の港からすでに沖に島が見えていて、それが天売島と焼尻島と知れる。

視認できる島は古代から人間が渡っている。簡単な構造の丸木船か筏で、目的地を見ながら漕いで行くのだ。島には今から5－6千年前の縄文時代から人が住んでいる。かつてアイヌ人も200人ほどいた。近海でニシンが大量に獲れた江戸から明治、昭和の初めまで出稼ぎ人が押しかけ島は栄え、一時期は6千人の住民とニシン御殿まであった。盛大な山火事がやがて消えてくすぶりになるように、その後ニシンもいなくなり島はさびれる一方で、現在の人口天売島300人、焼尻島200人は、漁業と観光で生計を立てている。

フェリーはほんの1時間で焼尻島、そしてさらに30分で天売島に到着だ。

天売島の港に制服の警官が軽のパトカーを横に停めて、船から降りてくる乗客にガンを飛ばしている。迎えの車が2、3台来ていて誰かを乗せて行った。下船した10人ほどの人た

ちは、5分もしないうちに港からいなくなってしまった。

フェリーの待合所にはボクたちしかおらず、壁には指名手配犯人の顔写真が貼られ、何体もの海鳥の剥製が飾られていた。

それからボクとヒロ君は観光客よろしく天売島の島を一周し、廃屋が点在する村、島にひとつの小学校に高校、診療所、赤岩展望台、観音崎展望台、レンタカー屋の2階にある資料館などを見た。

焼尻島では、オンコの荘（しょう）、めん羊牧場、焼尻郷土館、島の小学校などを見て、県外から移住してきた男性と、別の女性に会って話を聞いた。

現実の世界は、結局五感を通して感知したイメージに過ぎないと思うようなことが何度もあった。洞窟の壁に映った外の世界の影。微熱があるようなめまい、自分の声だけが耳に大きく響いて鼓動まで聞こえてくる。自分と現実の距離が何倍にも感じられて、遠くから叫んだ声がやっと耳に届く、見ているものが本当にそこに在るという実感が薄いのである。

海鳥の楽園

天売島は＜海鳥の楽園＞と言われ、絶滅危惧種のオロロン鳥やウトウ、ウミガラス、ケイマフリなど、100万羽が押し寄せるという。島の北東の海岸は断崖になっており、人も天敵の動物も近寄れないので、ウトウの絶好の繁殖地だ。南西の端には赤岩展望台があり、なるほど展望台に行くと潅木の生えた丘から断崖絶壁に、直径15cmほどの穴が見渡す限り地面に続いている。所々に鳥の羽があり、死骸も見かけられる。この巣穴の開いた断崖絶壁に、5月から7月の繁殖期にウトウが集まり子育てをする。餌の小魚をくわえて飛び回る80万羽のウトウはまことに壮観なのだそうである。また絶滅危惧種のオロロン鳥は、かつては8000羽以上いたのが、一時は11羽まで減り、島の役場がデコイ（鳥の模型）を置いたりして呼び寄せ、今は50羽ほどになった。そんな日本では珍しい風景を見ようと、季節によって鳥好きの観光客が三脚や望遠鏡、カメラを携えて世界中から2万人も訪れるのだそうだ。

しかし、今は9月なので鳥の大群もいない。鳥がいなければ他に見るものがないから観光客もいない。島の民宿も閉まるし、ボクが予約しようとしても「今は見るものがないから――」と宿泊を断ってくるのだ。
「写真になるものがありませんねー」
ヒロ君だって鳥のいない空ばかりでは、写真の撮りようがないのである。

代わりにヒロ君の興味を引いたのは廃棄された民家だった。壁に貼り付けたトタンがいい

具合に錆びて、屋根が窪んで穴のある廃屋もある。島には大きな木がないのだろう、柱も梁も細い木材をマッチ棒のように組み合わせて家にしてあるから、風で簡単に壊れてしまった家が島のあちこちに見ることができる。案外ヒロ君には廃墟趣味があるのかも？

ニシン漁で栄える

天売島焼尻島は、かつて江戸から明治、昭和の初めまで、ニシン漁で賑わった島だ。

北海道の西海岸に3月から5月にかけて産卵のためにニシンの大群が押し寄せる。オスのニシンの精液で海が白く濁るとそれを群来（くき）と呼んだ。枠船（わくぶね）と呼ばれる船がニシンのかかった定置網を船底に吊り下げ浜まで運ぶ。起船（おこしぶね）で十数名の男たちが網上げする。そして汲み船（くみぶね）でニシンを汲みとり岸まで運ぶのだ。一度船を出すだけで数百キロのニシンが獲れて、北海道の春の海に、やん衆と呼ばれる男たちはカモメのような凶暴な眼でニシンを獲りまくり、3−5月だけで一年分の稼ぎをあげていた。ニシンの漁獲量は北海道全体で年間60万石から100万石あり、現在の価値にすると1200億円から2000億円、まさにゴールドラッシュだったのだ。出稼ぎ人が大挙して押しかけ、かつては島に600人が住んでいたし、アイヌ人も100人ほどいたという。

やん衆たちに殺生をしているという意識はなかっただろう。獲ったニシンは、食用ではなく肥料や油にするのだ。ニシンを大釜に入れて薪で炊いて、油を絞りカスは肥料にする。ニシンの〆粕（しめかす）は北前船などで日本各地に運ばれて、綿花や桑の木の窒素肥料として使われたのだった。綿や絹はかつて重要な産業で、日本の殖産興業を支えたのは無数のニシンだったのである。

そのうちニシンがだんだん来なくなり、北海道でも昭和30年に激減し、とうとう昭和32年にはニシン漁は行われなくなった。

なぜニシンが来なくなったのか？　観光案内所で聞いたら＜乱獲だ＞とのことだったが、海流の変化や地球温暖化などいろいろな説がある。

今ではあの頃の夢よもう一度、とばかりに＜日本海ニシン資源増大プロジェクト＞が始まった。人工的に孵化させた稚魚を放流するのだ。最近ニシンの量が増える傾向にあるが、これは放流した成果というより北方のサハリン系のニシンが来るようになったからで、これも気象変動の温度変化のせいだと言われている。

天売島はかつてニシン漁が始まるまでは、鬱蒼とした森がありウサギなど獣がすむ自然の楽園だった。原生林は太古から長い時間をかけて島を覆い、水源となり、動物の餌を生むエコシステムを持っていたのだった。

そこへ大挙して人間がやってきてニシンを獲りまくり、木を伐り払い薪にした。雨は表土を洗い流し、島の森も水源も無くなり動物もいなくなった。

ニシンが消えたとき人々は去った。森は古来から日本人の心のよりどころだったはずだが、

一度伐採された森はもう取り返しがつかない。宴のあとに森はなくなった。

1970年ごろから離島ブームで、天売島にも観光客（またしても人間）が盛んに来るようになると、森がなく水源がないので飲料水さえ事欠く始末で、北海道からヘリコプターで水を運ばなくてはならなかった。

1978年からお役所が植林を始めたものの、厳しい冬の強風や塩害でなかなか樹木が育たず苦戦しているらしい。

これはどこかで聞いたような話だ。

イースター島では大きな石のこけし人形を作るのがステータスで、村同士で競争になり、島中の木を切り倒して結局人間さえ住めない島にしてしまった。住民は奴隷にして売られ落ちぶれてしまった。昔の島人は何十トンもあるモアイ像を海岸まで運んで行ったのに、今の島民には倒れた人形を立てることさえできなくなった。

お隣の焼尻島にはまだ原生林が残っている。オンコの荘 には、樹齢300年になるイチイ5万本の原生林があるのだ。焼尻島の原生林を切り倒そうとして事故にあって死んだ人がいたりして、神の祟りではないかと畏れられたそうだ。自然に対する畏敬の念が少しはあったのだ。焼尻島には山形出身の出稼ぎ人が多く、天売島の青森とは県民性が違うという見方ができるのかどうか。

今は焼尻島の郷土資料館となっているニシン御殿（旧小納家）は、屋根に二本の角飾りがついた立派な建物だ。外壁周囲が木材で覆われて、屋根はイギリスから直輸入された高価な亜鉛鉄板（単なるトタン板）。主人室、台所や米びつの部屋、居間や仏間、おばさんの部屋、呉服に雑貨の店、さらには郵便局と局員休憩室まであったという。

屋根のトタンが錆びていないのがせめてもの救いだったが、外壁の木材は古びて所々に隙間ができ、閉鎖された室内を窓ガラス越しに覗くとホコリだらけで無造作に物が置いてあるのが見えた。

ヒロ君は、ニシン御殿を見ながら言った。

「つわものどもが　ゆめのあと、ですね」

縄文時代は良かった

人間の歴史が進歩と経済性、傲慢に毒されたのは、弥生時代以降のことだろうと思う。

「縄文人は、おそらく愉快に暮していたにちがいない」

と、司馬遼太郎は言っている。

「食料を採集している人々の中で、世界的に見ても縄文人ほど豊かな暮らしをしていた人は少ないでしょう」

と、奈良国立文化財研究所の佐原眞が言っている。
かのユバリ・ノア・ハラリも同じことを言っている。

縄文世界には争いがなかったらしい。
東北から北海道にたくさんある縄文遺跡をみると、縄文の村は柵や石垣で囲まれていなく
て開放されているし、武具や殺傷の武器が出土しないのである。食料は豊富で、海の魚、
陸の獣、木の実果物などふんだんに採れた。本州にしか生えない栗を北海道に持ち込ん
で栽培していた可能性もあるのだ。人の移動は活発で、北海道の黒曜石が本州で見つか
るし、北海道にいないイノシシも本州から交易されて骨が出てくる。

その数千年も続いた平和を破ったのは、稲作を伴った弥生人の到来である。北海道では
稲作ができなかったので縄文時代が続く。続縄文時代、擦文時代（さつもんじだい）と、
13世紀になってアイヌ文化が出てくるまで生活スタイルを変える必要がなかった。
稲作を持つ文化は、田畑を開墾し定住し食料を備蓄し、権力を持つものが出て集団をまと
める。そして自分たちと違う人たちを見ると征伐しないではいられなくなる。やってくるニシ
ンを獲りまくるのと同じである。殺したり征服したりする必要もないのに、本能が疼くのだ。
＜あいつらを殺せば儲かる＞
ヤマトタケルノミコトや蝦夷征伐の流れである。その行き着く先が、とどめない欲望、功利
主義、目先だけの便利と利益————。
縄文人の不幸は、集団で攻めてきた弥生人たちに集団で立ち向かえなかったことであろう。

天売島の港にフェリーがきた。乗客はほんの20人ほどで、ボクとヒロ君もすぐにタラップ
を上り終わった。船の甲板から見下ろすと、停めた車の横に若い男女がいるのが見えた。
手を取り合って何か話している。しばらくすると男は船に上がってきて、女は車でどこかに
消えた。
人と人の出会いと別れは、このように日常ありふれた風景なのだ。

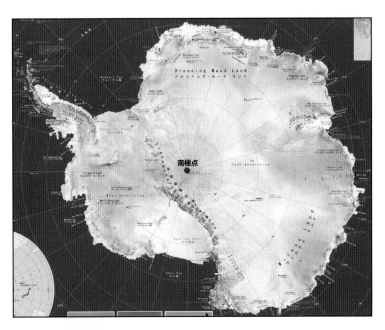

南極
Antarctic

南極（なんきょく）は氷の大陸と呼ばれ、その氷は一番厚いところで4,000メートルにもなる。平均気温は夏でもマイナス1度、冬はマイナス20度となる。どこの国にも属さず、いくつもの国が基地を置き、宇宙・気象・生物などの調査を行っている。

島データ

面積：1,400万平方キロメートル（日本の36倍）　人口：定住者0（夏期約5,000人、冬期約1,000人）　時差：-6時間（昭和基地）

行き方：(飛行機🛫)羽田空港発〜ヒースロー空港着(イギリス) 14時間25分➡(飛行機🛫)ヒースロー空港発〜フランクフルト空港着（ドイツ） 2時間35分➡（飛行機🛫）フランクフルト空港発〜ブエノスアイレス空港着（チリ） 13時間45分➡（飛行機🛫）ブエノスアイレス空港発〜プンタアレナス空港着（チリ） 4時間30分➡（ジェット機🛫）プンタアレナス空港発〜フレイ基地着(チリ・キングジョージ島) 1時間➡（クルーズ船🚢）フレイ基地発〜南極半島　現地の移動：(車🚗)

文◎　村山 眼蔵

南極温泉物語

お前は南極に行ってこい

半年に及ぶアフリカの旅から日本に戻り、イワオカ編集長に会おうと希の樹出版の事務所をボクが訪れたのは、秋も深まり暖かさが恋しい頃のことだった。

雑誌の企画で＜温泉＞をやりたいと言う者がいて、日本や世界の温泉について、むさ苦しい事務所で4人のスタッフが編集会議の最中だった。
「まあそこに座れや」
イワオカ編集長がボクに手招きすると、ボクは図らずも温泉会議の一員となってしまった。

「湯布院の玉の湯のもてなしは見事でした。至れり尽くせり、何かほしいと思うとき、見透かしたように女中さんが持ってきてくれるんだから」
「いや、河口湖温泉のおんやどの景色は絶品でした。それが真っ裸で風呂に入ったまま見られるんだからこの世の極楽ですよ」
「ドイツのビデスバーデンは最高でした、水曜日は混浴の日で、すっ裸の若いドイツ娘と手をつないで風呂に入れる」
「アメリカの温泉は大自然の懐というにふさわしい。イエローストーンの温泉は、―――」
各人各様、自分のわずかな経験の中から最高の温泉の話題を探している。
では、＜究極の温泉はどこだろう？＞と言う話になった。
「究極の温泉はやっぱり、湯の川温泉」
「いや、万座の方がすごいかも」
押しの強いスタッフが我こそはと言い張る中、イワオカ編集長は平民を見降ろす大王のように落ち着いた声で言った。
「究極の温泉は南極だろう。氷の国でペンギンを見ながら温泉につかるのは、まあキミらには一生に一度でもできれば良いだろうがね。」
「えっ！ 南極に温泉？？」
驚くみんなに、イワオカ編集長はあたりまえだという顔で言った。
「君らは南極に火山もあれば温泉もあるのを知らんのかね？？」
そういえば、イワオカ編集長は若いころオブザーバーとして南極で越冬したことがある、と誰かが言っていた。恐るべし、いったいイワオカ編集長とは何者なのだ。

ボクが南極と言われて思い出すのは、アムンゼンとスコットの冒険。昔読んだ西堀栄三郎の越冬記。雪と氷の世界。ペンギンとアザラシ。捕鯨とオキアミ ― ― などなど。 そこに＜温泉＞？？ そういえば南極の火山でエレバス山という名前を聞いたことがあるなあ。

真っ白な雪の中に湯気をあげる源泉の匂い――。

「やっぱり南極ですよね」
今まで遠慮して話題に加わっていなかったものの、ボクはひとりでつぶやいた。スタッフの視線がボクに集中する。
＜お前はお客さんだろう＞という無言の圧力を感じたが、イワオカ編集長だけはボクを頼もし気に見てくれた。けんけんガクガク、それから1時間半も会議は続いたが、温泉の企画と離島の企画を合わせて、イワオカ編集長は最後にボクに向かって言ったのだった。
「よーし、お前は南極に行ってこい」

こうして温泉の雑誌を出す話が、スタッフの羨望と嫉妬の混ざった視線を浴びながらも、イワオカ編集長の一声で、ボクが南極に行くことになってしまった。

1400万平方キロの南極大陸は、オーストラリア大陸の2倍の大きさ、世界6大陸のなかで一番気温が低くて、一番乾燥していて、一番山が多く平均高度が高い。地球上の90％の氷があるという雪と氷の大陸である。
そして、そこで温泉？？

南極を見ようとして世界地図をみても、普通の平面図法では南極は出ていない事さえある。下の方で白い帯になっているので、南極大陸の形もわからない。
ボクの家にはむかしポーランドで買った直径30cmの地球儀があって、世界旅行をするときに見ることがある。北半球は見慣れているが地球儀をひっくり返して南半球をのぞくことはあまりない。まして南極はあることさえ忘れられた大陸だ。地球儀の玉を支える支柱が、地軸にあたる北極海と南極大陸の真ん中にささっている。
地球儀を支柱から外して、玉を手にとって下から眺めてみた。南極大陸全体が真っ白で、都市もなければ山脈も湖も書いていない。ポーランド語で＜ ANTARKTYDA ＞とひと言書いてあるだけだ。そして、南極大陸の真ん中に、支柱を支え電球を入れる大きな穴が開いている。丸い穴の開いた南極大陸は見る影もない。

イワオカ編集長は、髪の長い秘書のトシちゃんと相談しながら、南極行きのルートを決めた。
日本から南米に飛び、チリの南の都市プンタアレナスから出る南極クルーズの手配をしたのだった。肝心の温泉は南極半島の先、デセプション島にある。
カメラマンのヒロ君も日本から同行する。
「えっ！？　南極ですか？　いいですね」
行き先を聞いたヒロ君は、まるで静岡出張にでも行くように気軽に引き受けた。

団体旅行が苦手なボクは、団体のクルーズ旅行というのは初めてだったが、それも仕方がない。南極の個人旅行というのはもう数段難度が高くなる。

南極ツアー参加者は老人ばかりだった

ひと月後、ヨーロッパにいたボクは、フランクフルト乗り換えのブエノスアイレス行き14時間の便に乗り込む。

日本から来たカメラマンのヒロ君とは、ブエノスアイレスのホテルで落ち合った。

「ヒロく〜ん」

「お久しぶりです。南米は遠いですね、日本から40時間もかかりました」

＜昔の人は壊血病になりながら命がけで何ヶ月もかけて太平洋を渡った＞と思ったけど、まあ今とは時代が違う。

翌日ブエノスアイレスから飛行機に乗って、ボクとヒロ君は2月の夏のプンタアレナスに到着した。

プンタアレナスのホテルは、アルマス広場に面した4つ星、ホセ・ノゲリアホテルである。南極クルーズの説明会と、参加する人たちとのパーティもここである。

クルーズ説明会に集まった60名の人たちを見回して、よろよろの老人が多いのでちょっとびっくり。すぐ近くで、平らな床につまづいて転んだアメリカ人らしき太った老女がいた。周りの人が驚いて腕を抱えて起こしている。

「みんな南極に行って大丈夫なんですかね」

ヒロ君は、デイケアセンターに集まった数十人のお年寄りを見ながら言った。

「これなら、ボクたちは楽勝だね」

実はボクも、南極は想像を絶するほど寒かろうと登山用品の店で一番厚い防寒服、手袋や靴下、下着も厳寒用のものを買って、決死の冒険旅行の準備をしてきたのだ。

説明会では、クルーズ会社のスタッフから一般的な南極の歴史、クルーズ船と南極でのマナーなどについて説明があった。

「＜南極＞は英語でアンタルクティックといい、熊座の見える北極・アークティコスの反対側の意味です。冒険者が来始めたのは、18世紀になってからです。南極の面積は1400万平方Km、最近観測された最低気温は摂氏マイナス93度です。――――」

「南極ではすべて船中泊です。陸地では、動物に近づかないでください。ペンギンには5mまで、アザラシなどには15mまでで、それ以上近づかないでください。ゴミはすべて持ち帰ってください。南極のものは小石ひとつ持ち帰らないでください。皆さんが歩く場所はすべて赤旗で示されます。それ以上別の場所には足を踏み入れないでください。船に戻っ

たときには長靴を消毒します」

翌日の出発予定について、どうも南極の天候があまり良くないようだ。

「すべての予定は天候次第です。飛行機の出発は明日のお昼12時の予定ですが、天候により延期されることもあります。出発できるかどうかは、午後8時にホテルのボードに表示します」

カクテルの後は着席の夕食会で、同じクルーズに参加する者同士で親交を深めるのだ。スーツにネクタイの者、タキシード姿もちらほらいる。参加者の国別リストが貼ってあって、乗客60人の客の国籍はアメリカ人が23人で一番多い。次がオーストラリア人19人、イギリス人、ニュージーランド人などである。日本人と中国人も3人ずついることになっている。ボクとヒロ君と、もう1人日本人？　遠くのテーブルにアジア人が何人か見えたが、また後で話せるだろうと遠目に眺めた。

ボクとヒロ君の同じディナーのテーブルについたのは、イギリス人、アメリカ人、フランス人そしてカナダ人だ。

「はじめまして、旅はお好きですか？　南極は初めてですか？」

みんな旅行の前の高揚した雰囲気で、これから同じ船で2週間生活を共にするので友好的だ。旅行費用が高いので参加する人たちの平均年齢が高いのは仕方ないとして、彼らと話して驚いたのは、アジアにも行ったことがないのに南極に行く人がいることだった。日本人の感覚でいえば、「世界中まわったので次は南極」という発想が一般的だと思うが、そこにいた人たちは単なる気軽な旅のひとつとして南極に行くようだった。

アルゼンチン産のワインを飲みながらのディナーは、鮭の前菜と羊の丸焼きなどで、なかなかおいしかった。船の食事もなんだか期待していいような気がしてきた。

南極まで飛行機、砕氷船で南極クルーズへ

2週間の南極クルーズのルートは、チリのプンタアレナスからチャーターのジェット機で一気に南極半島の先、キングジョージ島のチリのフレイ基地に飛ぶ。フレイ基地から砕氷クルーズ船に乗って、サウスシェトランド諸島と南極半島に行くのである。すなわちエンタープライズ島、オルヌ湾、ディテール島、ピーターマン島、ロックロイ港、デセプション島、ヤンキー湾、そして最後に温泉のあるデセプション島を訪れるのである。

専用ジェット機で行けば、プンタアレナスからわずか1時間でキングジョージ島に着くことができる。しかし、飛行機ではなく船でドレイク海峡を渡って南極に行く方法もある。

＜吠える40度、狂う50度、叫ぶ60度＞

と言われるように、南緯40度から60度のドレイク海峡には、風速数十メートルの風が年中いつも吹いていて、大波の中、小船で揺られるのは自殺行為だ。

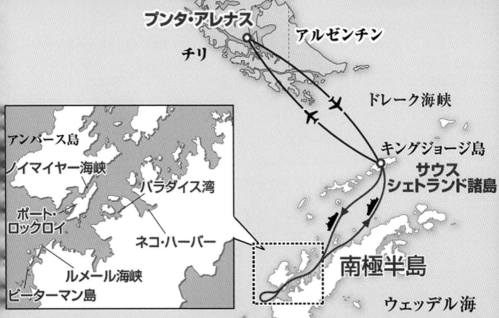

プンタ・アレナス

アルゼンチン

チリ

ドレーク海峡

キングジョージ島
サウス
シェトランド諸島

南極半島

ウェッデル海

アンバース島

ノイマイヤー海峡

パラダイス湾

ポート・
ロックロイ

ネコ・ハーバー

ルメール海峡

ピーターマン島

ボクたちの乗る耐氷船は乗客定員68人、乗務員38人。デンマーク建造、船籍はバハマである。客室が37部屋あり、バーでは酒は飲み放題、図書室やジムも完備している。船は全長73m、2100トンでそれほど大きい船ではない。1910年、日本の偉大な冒険家白瀬矗が南極に行ったときの船＜開南丸＞が木造の204トンだったことを思えば、2100トンでも時代の移り変わりを感じずにはいられない。いまや足の悪い太ったアメリカの老人がちょっとした観光気分で南極に行ける時代になったのだから。

滑走路のあるキングジョージ島は、イギリスの探検家による命名。アルゼンチンも領有権を主張しており、同じ島はスペイン語で＜5月25日島＞と呼ばれている。南極半島はアメリカではパーマー半島、イギリス名でグレアムランドと名付けられた。英名が多いのは大英帝国の栄光の名残である。ディモン・デュヴィル海はフランスの探検家デュヴィルの名前から、アデリー海岸やアデリーペンギンは、デュヴィルの奥さんアデリーの名前から来ている。ロシア名ではベリングスハウゼン、ボストーク湖などがあり、スコットランドやベルギーの探検隊も南極に来ている。日本の白瀬矗は、1912年、ロス氷棚の海岸を大和雪原、近くの海を大隅湾、開南湾と命名した。現在でもロス棚氷の東岸はニュージーランドによって＜白瀬海岸＞と命名されているし、昭和基地の西には＜白瀬氷河＞がある。
日本の南極観測船の名が＜宗谷＞から＜ふじ＞、そして＜しらせ＞となったが、その名前は＜白瀬氷河＞から取ったのだ。船の名は、伝統的に河や山の名前から取るので、＜しらせ＞は個人名ではないことになっている。しかし白瀬矗の南極探検の快挙に異論を挟む者はないだろう。

翌々日天候も回復し、いよいよボクたちは南極に向かって出発することができた。
飛行機はイギリス製ジェット機。翼の幅は86フィート22mで、機体には　アンタルクティック・エアウェイズ　＜ ANTARCTIC Airways ＞と書いてある。力強くプンタアレナスの滑走路を離陸すると、ほんの1時間でキングジョージ島に到着だ。
緊急時の注意など行程のお決まりの行事を経て、ボクたちのクルーズが始まった。

N 氏は日本の隠れセレブ

南極クルーズを始めて次の日の夕食の席で、このクルーズに参加したもう1人の日本人と話すことができた。彼の部屋は VIP ルームだが、同じ日本人ということで夕食を一緒にしたのだ。
50代後半の彼は、渋い表情のやせ形・眼鏡。灰色の頭髪にパタゴニア社製の派手なオレンジ色の服を着ていて、関西方面の人かと思ったら東京だと言った。後ろに豊かな財力が控えているという余裕が感じられる。
「ムラヤマです」

「N━━━ です」
「あれっ！ Nさん、鹿児島の南の島でお見かけしましたよね！」
ヒロ君は、トカラ列島に行く時に船で見かけた、と言った。
「いやあ、偶然ですね。2度も旅先でお会いするとは！」
会社のオーナーである彼は日本の生活に飽き足らなくて、機会を見ては世界を旅している
というが、普通の観光旅行ではない。パリやローマはもちろん、アウシュビッツ、ヒトラー
の別荘ベルヒテスガーテンやリトアニアの十字架公園。シリア、エジプト、ヨルダン、ボリ
ビアのウユニ湖にイースター島、ガラパゴスまで世界中におよび、かなりマニアックな目的
地の選択だ。南極には昔から一度は来たかったと言う。
「いつもおー人で旅行するんですか？」
ボクが尋ねると、意外な返事が返って来た。
「いや、南極には2人で来るつもりが、1週間前から1人になったんですよ」
聞いてみると、日本からプンタアレナスまで一緒に来た連れがいるのだが、ささいな事か
ら喧嘩になって、結局1人で船に乗る事になったのだという。
一緒に南米まで来た女性は、テレビにもよく出てくる26歳のタレントで、もちろんヒロ君は
彼女の事を知っている。
「一体何があったんですか？」
ヒロ君が尋ねる。
「ほんとに近頃のムスメは常識がなくて ━ ━ 」
N氏はひとりでため息をついた。
聞いてみると、いかにもN氏らしい話であった。
彼が連れてきていた26歳のタレントとして活躍する彼女は、その若さと美貌と立場を駆使
してN氏に近づき、彼と世界豪遊しようとしていた女性であった。そこまでは誰もが想像の
できる、まぁ港区界隈などでよく聞く話である。
それにN氏もN氏で酸いも甘いも味わってきた、いい歳こいた「イケオジ」である。そん
なことはもちろんわかりきった上で彼女と旅に来ていた。
しかし博識で海外慣れしているN氏は、長旅の途中で何の意見も出さない彼女に飽き飽
きしてしまったのだという。
プンタアレナスの五つ星ホテルのレストランでも
「何が食べたい？」
「え〜別にダイエットしてるし、なんでもいいよ〜」
最近の国際事件の会話の際に彼女の意見を求めても
「よくわからない〜興味ないな〜」
など、彼女は全く自分で考える力がなかったのでつまらない、とN氏はくたびれた様子で
話していた。

これでは、子供と、いや、下手したら動物と旅に来ているのと同じでは？と思うほどだった。普通は「イエスマン」ならぬ「イエスウーマン」は男性にとっては都合がいい存在になりえそうである。が、そこはやはり「変わり者N氏」なのである。

N氏は「君とは海外に来ても面白くないから帰りたまえ」とビジネスクラスの片道切符を笑顔で手渡し、彼女を日本に帰国させたらしいのである。なんともまぁ身勝手で自分のことしか考えていない殿様気質の金持ちだ。

ここまでくると人生のほとんどを自分の思い通りに進ませてしまうのも想像に難くないN氏を、アッパレだな～と感心しながらも、羨ましくも鬱陶しくも感じてしまうボクがいた。

まぁN氏から一方的に聞いた話なので、彼女の話も聞かないと実際の真相はわからないが、そんなことはボクたちにはどうでもいい。とりあえず興味本位でふむふむ、と話を聞いていたボクとヒロ君であった。

デセプション島　その意味は？

南極のクルーズは、予想したより寒くもなく事故もなく、ペンギンやアザラシを見ながら平穏に行程をこなしていき、南極旅行も終わりに近づいて来た。

「明日はデセプション島に行きます」
「やったあ～！」
天気次第でデセプション島に接岸できないかもしれないと言われていたので、船内放送を聞いてボクたちは喜んだ。今回の南極ツアーのメインイベントとも言える、温泉のあるデセプション島上陸である。これでイワオカ編集長に顔向けができる。

デセプション島はサウスシェトランド諸島の南端にある。火山がそのまま陥没して、直径12kmの外輪山が島として海上に残り、火口部が陥没したので船が入っていけるU字、馬蹄形の島である。嵐や氷山を避けるのに最適な天然の良港である。入り口が狭いので大きな船は入る事ができない。昔の海の男たちは、強風の吹き抜けるこの入り口を、＜Forge de Neptune、海神のふいご＞と呼んでいた。火山はまったく活動を停止した訳ではなく、1967年、1969年には噴火して被害も出て、島にあった45基の海の男の墓も火山灰に埋もれてしまった。

島は1820年にアザラシを狩りに来たアメリカ人ナザニアル・パルマーによって発見された。＜デセプション島＞の名前の由来は、＜アザラシがたくさん獲れると思って来てみたらそうでもなかった＞、＜木が茂っているかと思ったらそうではなかった＞と失望（デセプション）して名付けられたと、クルーズ船のスタッフは説明した。

しかし別の説では、外洋から見ると小さな島にしか見えないのに、内側に天然の良港が隠

されていた＜だまし島＞の意味で名付けられた、のだそうだ。デセプションはラテン語では＜失望、落胆＞の意味であるが、英語では＜だまし＞の謂いである。

タオルとバスローブ、そしてこの日の為に持ってきたシャンペンとグラスの用意をして、ボクとカメラマンのヒロ君、そしてN氏もボートでデセプション島に上陸した。
海水から湯気が立っているのが見える。火山の熱のおかげで温泉も湧くというものだ。
「よしよしお湯は湧いている」
白い湯気を見ながら、ボクはつぶやいた。

島の海岸は黒っぽい荒い火山性の砂で、環状の島全体が同じ色の火山岩でできている。気温は2度。しかし地熱が高いので島にはあまり雪も残っていない。かつてはクジラの処理場として、13ものクジラ処理会社が施設を持っていた。クジラの油の鉄のタンクは高さも直径も10mはある。8基並んだタンクは赤錆に犯されながら傾いて砂の中に風化しようとしている。ボイラーのような鉄の機械が赤錆にまみれて半分は砂に埋まっている。太陽が照りつけ、キリコのシュールな絵画のように徹底的に無機質で不毛、虚無、音もなく生物の臭いもなく、殺された無数のクジラの死の影がさしているようだ。

南極温泉に入る
島を散歩していた人たちが海岸に集まり始めた。いよいよ＜温泉入浴＞である。
温泉と言っても、＜南極旅館＞や＜ペンション・ペンギン＞がある訳ではない。単に水着になって、海岸で湧いている温水に入るだけの自然の中の露天入浴である。
集まった者のうち10人ほどが順次服を脱いで水着になっている。1人、2人海に入るが、あまりの寒さのためか、わずか数秒海水に浸かっただけで、すぐに出てくる有様だ。
ボクとヒロ君もさっそく服を脱ぎ始めた。気温は2度、裸のからだに強い風が吹いてたちまち鳥肌が立つ。ボクは水着になると用意したシャンペンとグラスを持って海に向かった。この日のために、温泉からペンギンを見ながらヒロ君と一杯やろうと持ってきたのだ。
しかし、海に入って
「ググググッ！！」
「フヘーッテ！！」
冷たい！！ ヒロ君も奇妙な叫び声をあげた。温泉どころか水温0度の南極の海ではないか。さっき上陸した時に上がっていた湯気もいつのまにか立たなくなっていた。
岸で見ている人もいるし、ボクも途中でやめるのも格好がつかない。遠路日本から来たのはまさにこのためだ。思い切って腰まで海に入り、そして肩まで浸かる。
＜身を切る冷たさ＞という言葉があるが、それよりもっと体全体がしめつけられて痛くて痺れる冷水だ。わずかに湧いたお湯が表面近くに漂っているのだろう、足のほうは海面より

もっと冷たくてこらえきれない。

海に入って10秒もしないうちに、もう我慢できなくなって岸に上がった。風にあたるとさらに皮膚が凍るほど冷たい。ヒロ君もぎこちなく海から上がってきた。

「ぎぇ～！ 寒い！！」

「場所が悪かったのかもしれない、さっき湯気の出ていたあの辺りなら温かいのかも」

慌ててそちらの岸に向かって走って行く。ぬるぬるした海藻の浮いた気持ちの悪い水にちょっと入ってみたものの、そっちはもっと冷えていた。

急いでタオルで体をふいてバスローブを着て、シャンペンのビンは開けもしないで、船のスタッフが用意していたウォッカをコップでぐっと一息で飲み込む。ようやく身体の中でポッと火が点ったような気がした。ヒロ君もとっくに上がってウォッカのコップを握りしめている。

N氏は？と見ると、なんと冷たい海に入って、さっき進呈したシャンペンの瓶をかざしてこちらに向かって笑っているではないか。なんという豪胆！

そして大声でヒロ君に言った。「おーい、記念写真を撮ってくれぇー」

船で見たカタログには、デセプション島のところに、みんなで気持ち良さそうに湯気の上がる海に入っている写真があったのに。あれは誇大広告だったのか。

「いったい温泉はどうなったんだ？！」

ボクとヒロ君が船のスタッフに詰め寄ると、

「数年前までは温泉だった」

というではないか。地球温暖化のせいかどうか知らないけれど、温泉が湧かなくなったというのだ。かつてイワオカ編集長が知っていた沸騰するほど熱い温泉は、今では冷たい南極の海に湯気をたてるのがやっとの普通のわき水になってしまったのだ。

「イワオカ編集長、ボクは死んでもシャンペンを離しませんでした」

ボクもヒロ君も死ぬほど寒い思いをして、体中真っ黒な砂にまみれて、ペンギンと遊ぶ事もしないで、シャンペンを持って船に帰った。

＜デセプション島＞は、やっぱり＜失望の島＞だった。

さらば南極

ツアー最終日、南極から飛行機で出発する日がきた。

気温はマイナス5度。ボクたち乗客60人は、クルーズ船をキングジョージ島で降りて、来たときと反対に滑走路の端を一列になって歩いていった。このフレイ基地に着いたのがほんの2週間前だったとは思えない、ずいぶん昔のことのようだ。

さよなら南極！ さらばN氏！？

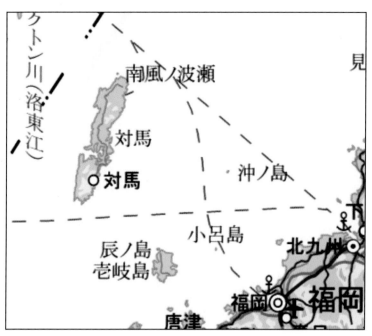

対馬 壱岐島
Tsushima　Iki Island

対馬（つしま）は九州の玄界灘に浮かぶ、日本で１０番目の広さをもつ島。長崎県に属し、島の約88％を山林が占める。対馬固有の動植物も存在し、独特の生態系が存在している。壱岐島（いきのしま）は、九州と対馬の間に位置し、「古事記」にも登場する、日本の歴史を語る上で欠かせない島である。巨石古墳や古い神社・祠などが点在する。

島データ

対馬　面積：696平方キロメートル　人口：26,721人

壱岐島　面積：133.8平方キロメートル　人口：24,622人

行き方：（飛行機 ✈）羽田空港発～福岡空港着　１時間４０分 ➡（ジェット機 ✈）福岡空港発～対馬やまねこ空港着　３０分 ➡（フェリー 🚢）対馬発～壱岐着　約２時間　現地の移動：（車 🚙）

文◎　船越 真衣

韓国に近い島

事の発端は都内のフレンチにて仕事先の会長、以下と会食の最中であった。
私の携帯が何回もひっきりなしに鳴っている。
発信元は「希の樹出版」と表示がある。
私は仕事先の大変大切な会長さんとご一緒していたので、この場でこの電話に出るわけ
にはいかなかった。
だがあまりにもしつこく何回もかかってくるので、
「すみません、ちょっとお手洗いに、、、」
とそそくさとその場を立ち去り、恐る恐るかけ直すと、、なんと。。

「ああ、船越くんか。忙しいところ悪いね」

というが、悪びれた様子は1ミリも感じられない。
その声はあの岩岡編集長であった。
「仕事の話があるから今から来れないかい？」
「そ、そんな、とんでもない、今他で会食中なので、、、汗」
「なんで？！？！　いいからきてよ！」
「それは無理です！！」
「まーそしたら明日会社に来てよ。よろしく」
と言って電話を切られてしまったのであった。

次の日の朝一番にあたふたと希の樹出版に顔を出した私である。
「失礼します」と部屋に入るとそこには既に岩岡編集長の姿があった。
彼は開口一番こう始まった。
「久しぶりだね、元気してた？　対馬に行ってくんない？」
「は？　なんのことですか？」
「実はさ、今度さ、旅の本を出す企画があるんだけど、ライターの村山さんがさ、今南極行っ
てるんだよ」
「え？！　南極？！？！」
「で、今締切が迫ってて、ちょうどいーから、船越くんに仕事をふってやろーとおもってさ！
暇でしょ？　ニヤリ」

、、え？、、そんなに私も暇ではない。。
でも今抱えていた仕事もひと段楽し、私的にもこのお声がけはこれ幸いの企画であった。

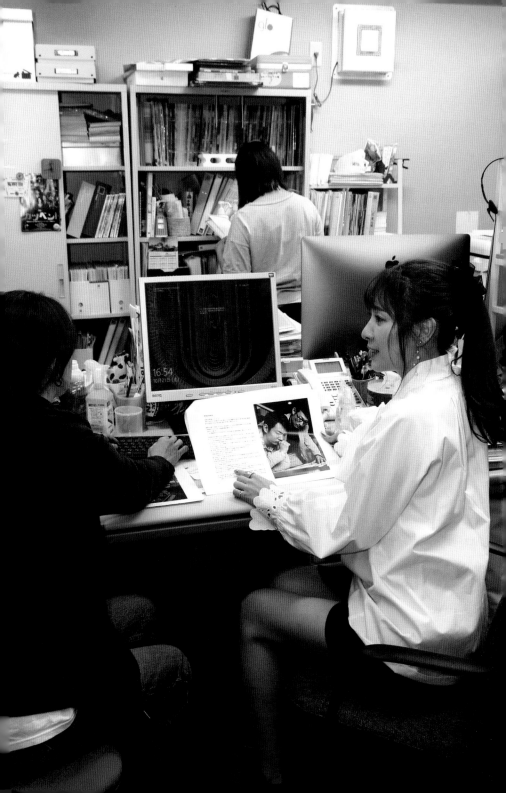

だが、そんな暇人に思われても困る。。

「、、ま、まぁ、仕方ないですね！ いつもお世話になってる岩岡編集長のお声掛けなら、一番で受けますよっ！」

と気づいた時には威勢良く言ってしまっていた。

そしてよくよく話を聞いてみると、どうやら秘境の島々の本を出す企画があるらしいが、なんせ期限が迫っているにも関わらず、本の企画の半分も取材していないらしい。。

その上、ライターの村山さんが1カ月以上南極に取材に行っていたため、急遽私に声がかかったのであった。

「明後日から対馬行ってもらって、上手く書けたら、他の島々にも行ってもらうから、まぁその時にはよろしく！」

「、、え？！」

よくもわからないまま、こんな感じで、私のこの取材はスタートしたのであった。

まぁ岩岡編集長には以前にも割の良い仕事を投げてもらったり、世話にはなっているのは否めないのだが、このアクの強さと強引さは全く変わっていない。

まぁいっか。私も旅は嫌いじゃないし（むしろ好き）。

これで対馬以外にも行けたら良しとしよう。

こうして怒涛の対馬、壱岐への旅が始まった。

対馬は九州と韓国のあいだにある

出発当日

あいにくの対馬は極寒の天候であった。

晴れ女の私としては「誰だ、この雨を降らせたのは、、」とイライラしていると、そこにはニコニコと「久しぶりだね〜」と笑うヒロくんがいた。

そうだった、今回はこのカメラマンヒロくんと久しぶりの取材なんだった。

ヒロくんはライターの村山さんと別れて急遽南極から飛んで帰ってきたのであった。

対馬も壱岐もそれぞれ一泊ずつなので、するりと周りきれるほど小さい島だと思っていたのだが対馬は南北に82キロ、車で2時間半、なかなか一泊で回りきれる島ではない。

急な旅立ちのため私は全くの予習もないまま来てしまっていたのである。

「さっそく取材に回りましょう！」

「ですね！ 写真映えしそうだな！ よーし、最初は神社だー！」と勢いづいて車に乗り込み、まずは和田美津神社に向かった。

向かう途中にさらに強めの雨は降ってくるし、道はわかりづらいしで

「ちょっと神社スルーしません？」

「は？」（この人何言ってんだろう？）

「ほら、時間もないし！」

「、、、じゃー写真だけ！」

と、名残惜しくなりながらも神社を横目に

そのまま見晴らしの良い、烏帽子岳に到着。

「天気も危ういし、早いところ頂上まで登りますか！」

と言ってはみたものの、なめてかかっていたら大変、階段が永遠にあって登っても登っても頂上まで辿り着けない。

ゼーゼーハーハーしながら、2人で何回も階段の途中で休みながら、なんとか頂上まで辿り着けた。

「ついた、、、」

本当はここから韓国が見えるはずなのだが、天候が悪く遠くの島々は見えなかった。

ここは韓国から50キロ程のため、九州より韓国の方が近く、観光客の9割は韓国人らしい。

そのため韓国語の看板や標識をいたるところで既に見かけていた。

今は閑散としているが、聞くところによると韓国人オーナーのホテルがいくつもあり、そちらは韓国人ばかりが泊まっているようだ。フェリーや船も韓国から沢山出ているという。

この日の夜に知ったのだが、私達が泊まる宿のスタッフの中にも韓国人がいたと聞いた。

確かに、街のいたるところにハングル文字と日本語の両方併記をよく見かけたわけである。

これぞ秘境島の醍醐味か！？

続いて向かった先は山の上にある「砲台跡」

こちらの砲台は当時一度も使うことがなく「打たずの砲台」と呼ばれていたそうだ。

明治に入ってからはロシアからの侵入を警戒して要塞を建てたとのことだった。

「よし！ 要塞まで登ろう！！」

とまたしても勢いづいてはみたが、雨はどんどん強くなってきたので、崖道を車で無理矢理登る羽目になった。

「え？！ ここ車で通れますか？！」

「んーー大丈夫だろう！ せっかく小さめのレンタカーにしたんだし、行ってみよう！」

となんとも無謀なヒロくんの荒い運転に青ざめながら、細い砂利道を進んだ。

「ガシャン！！！」

という凄まじい音と共に、インディージョーンズ並みだった私のアドベンチャー気分もすぐに冷めた。

「絶対車壊れますよ！！ 戻れなくなるし車パンクしても困るから降りましょう！！」

どんどん道が狭くなる砂利道の中、半泣きで私は叫んでいた。

「大丈夫、大丈夫！ 僕に任せといて下さい！」
と、ヒロくんは借りたレンタカーの下をガリガリ擦りながらもそのまま荒れた山道を登って行ったのだが、道はどんどん細くなり、致し方なく二人してそこで車を降りた。
「やばいっすね～、これ以上いけないですね、歩きましょう！」
「えーー！ てか車どーするんですか？！」
ほれみたことか！！ だから最初からやめとけってゆったのに！！と心でぼやきながら、ぶつくさ歩いていると、突然バラバラと空から音が、、、
「ひぇー！！ ヒロくん、まさかこれ、ヒョウ？！」
「そ、そのようですね、急ぎましょう」
私とヒロくんは凄い勢いで地面に叩きつけるヒョウの中、2人で山道を駆け登った。極寒の中、足元は砂利道、空からはヒョウ。何かの天罰なのか？ なんなんだこの過酷さは！！ようやく視界のひらけた丘に出たと思ったらそこにはとてつもなく見晴らしの良い展望台と要塞が広がっていた。
「すごいっすね～これこそ要塞ですよ」
「なるほど～！！！ 苦労した甲斐がありましたね！！ よかったーーー！！！！！！」
そこには見たこともない大きな要塞があった。
「ここから大砲を打ってたんですかね？」
「いや、でも使わなかったみたいだよ？ だって打たずの砲台だから」
「こんなに立派なのに使わなかったなんてもったいない！」
日本離れした煉瓦造りのなんともお洒落な要塞であった。
見晴らしも素晴らしく、天候さえよければ素晴らしい絶景が見えたことだろう。

感動もつかの間、問題は帰りである。
「ヒロくん、そういえば、あの車、どうやってUターンするんですか、、、？」
「うーん、とりあえずやってみよう！」
彼は10回以上ハンドルを切ってなんとか方向転換してみたものの、またしても車の底をガリガリと擦りながら、無謀な運転を繰り広げていた。
砂利道のせいで車は大きく左右に揺れている。
「ヒロくん！ 私車降りたいです！！！ 泣」
「いや、今降りたら左側崖ですよ！！ 死にますよ！」
「やだー！！ でもこのまま乗ってても死ぬってば！！」
と車内でギャーギャーと怒鳴り合いながら、なんとか来た砂利道へ車を走らせることができた。ここまで生きた心地がしない車中は初めてであった。とりあえず安堵である。。

続いて向かった先は「小茂田浜神社」である。

こちらは少し雑学を。

「元寇」の時には血で血を洗うかなり激しい戦いであったと聞いている。

女も子供も容赦なく滅多刺しにされ、当時の将軍の身体も、殺された後いたるところに胴体やら手足がバラバラに散乱しており、回収に時間を要したことも含めてかなりの悲惨さを物語っているという。

まぁ私も詳しい歴史的背景はよく分からないが、蒙古人はとにかく対馬でめちゃくちゃな戦争をやって、

「よし、本土襲来だ！」って時に神風が2回吹いて2回ともその台風のおかげで本土は助かったらしい。

もしこの神風が吹かなかったら、日本本土もコテンパンにやられていただろう、というのは中学だか高校の授業でも習った記憶がある。そこからその後の「神風特攻隊」などの名前にも縁起がいいからと使われるようになったとかなんとか。

いや、しかし、綺麗な浜ではあったが、とてつもなく殺風景であった。

何か歴史的なもの哀しさを少し感じ取ってしまったのは私だけであろうか。。

少し感傷的になりながら隣を見ると、写真をパシャパシャ撮るヒロくんが目に入った。

「ヒロくん！　写真も歴史のこととかそーゆーのも撮ってくださいよ！！」

「ちょっとちょっと、勘弁してくださいよ〜！　僕はこう見えて、かなりの歴史オタクなんですからね！

対馬と壱岐も戦争系のゲームでこの前も、、」

とペラペラと彼の歴史ゲーム自慢が始まった。

ちなみに小茂田浜の近くにはモンゴル人との混血の方が一定数いるという。

南の方はロシアの混血の人も多く美人さんが多いのだそうだ。

風情ある城下町巡りにも行きたかったのだが、その時に私のお腹がぐぅーーーっと静かな浜辺に鳴り響いた。

「、、、お腹空きません？」

「そうですね、何か食べましょうかね」

「待ってましたーーーーー！！！！！！！」

大食い食レポで有名な私である。

ここは任せてと言わんばかりに調べておいた対馬の食べ物たちをヒロくんに提案した。

「対馬バーガー？？　烏賊入り！？　いいね！写真映えしそうだ！　行ってみよう！！」

「はい！！！　いきましょう！！！！」

2人してこの日一番のテンションの高さを見せた瞬間だった。

さあ、行くぞー。

ボリュームたっぷり、対馬バーガー！

「こんにちは〜」

対馬バーガー屋さんはわかりやすい場所にあったためすぐに見つけることができた。

「村山さんはあまり食に興味がないからね、嬉しいですよ！」とヒロくんはやたらとテンションが高い。

「お待たせしました〜」

と出てきた対馬バーガーはボリューミーでアメリカンなハンバーガーであった！

「いただきまーす！」

「美味しい！！！」

「バーガーに烏賊が入ってるなんて斬新ですね！！」

2人してあっという間にペロリと完食し

私は気付いたらポテトとタピオカジュースまで頂いていた。

「ついでにお店の人にこの島のことでも聞いてみませんか？」

「いいね、取材っぽいっすね！！」

そうだった！　美味しいもの食べてうっかり気が抜けていたぞ、現地の人に色々聞かねば！

と気を取り直してお店の方に声をかけた。

「こちらの方達は本土に出向かれたりするのですか？」

「九州本土にみんなほとんど学校やら出稼ぎで一度は島を出るね〜、半分は戻ってくるけど、半分は戻ってこないから島の人口は減る一方だよ。でも逆に東京から島に憧れて移住してくる人も中にはいるよ。住むには困らないし、なんせ色々と安いからね！」

「なるほど〜人口問題は地方は深刻ですよね、、」

「結婚とかは本土の方とすることが多いんですか？」とさらに私は尋ねる。

「うーん、それは確かに本土に行った人は本土の人とくっつくことが多いよ」

「え、じゃあ、結婚してから島に戻ってくる人達もいるんですか？」

「うーん、あんまりいないんじゃないかなぁ」

なるほど、やっぱり本土の人間からすると、島に移住というのは抵抗がある人も多いのかもしれないな、と思った。

「ありがとうございましたー！」

と頭を下げてメモを取っていると

「やばい！　フェリーの時間がない！　急ぎましょう！」

「え？！　何時ですか？？」

「あと30分！！」

「ええええええ！！！！！」

はち切れそうなお腹を抱えながら必死に走って駐車場に向かった。

フェリーで次は壱岐に向かうのだ。

壱岐到着

夜に到着したためその日は気を失うかのように爆睡し
次の日の朝から壱岐観光に向かった。
まずは月読神社でサクッと朝からお参りした後、
古墳館に向かった。向かう道中思ったのだが、対馬より壱岐の方が街中が栄えているように思える。
「対馬よりなんだかスーパーとか多くないですか？」
「そうっすね～大型スーパーやら量販店みたいなのもありますしね～住みやすいのかな？」
そう言えば車で移動していても、対馬は山あり谷ありで地形的に起伏が激しかったけど、
壱岐は平地が多く道が開けているように思える。
古墳館でスタッフの方に聞いてみよう！と思い、年配のおばさまに声をかけた。
「すみません、昨日対馬から観光で来た者なのですが、壱岐と対馬でだいぶ生活が違う様に思えたのですが、やはり壱岐の方が人口が多いんですかね？」
「あら、対馬から来たのね～そうね～壱岐はこの地形が稲作や果樹園や畑とかの農業に適しているから、産業が栄えやすいのよ。だから人が住みやすいのかもしれないわね」
確かに古墳館の周りを見渡しても地形的に田んぼや畑があって、広がり感があった。
なるほど。竪穴式住居のような集落が出来やすいということなのか。弥生文化の時代を思い起こさせるかのように、近くに竪穴式住居のモデルがあった。
私が訪ねた所なども壱岐の方が平地で長閑な感じがした。が、逆に対馬は地形的に崖と海岸の間にへばりつくように集落が発生していたように思える。地形がここまで生活に影響するとは目から鱗であった。

「でもやはり、壱岐に来たとゆったら、日本のモン・サン・ミシェルですよ！！」
下調べをしていたヒロくんがそう宣った。
「モン・サン・ミシェル？　あのフランスの？」
「そうですよ！　潮の満ち引きを使って、島に渡れる時間が限られてるとか、めちゃくちゃロマンチックじゃないですか？！」
「なるほど！！　時間よくわからないけど、それは行ってみよう！」
なんとも行き当たりばったりな取材である。潮の満ち引きの時間も特に調べずにそのままのノリで日本のモン・サン・ミシェルと言われる「小島神社」に向かった。
「、、やっぱり！！」
「時間間違えましたね、、」
到着したのは2時頃、潮が引くのは3時半らしい。
「とりあえず時間潰しのために近くのカフェか何かに入りますかね？」
「そんな、都内じゃないんだから、カフェなんかすぐ見つかるわけないですよ！」

「んーーとりあえず移動してみましょう」
疑心暗鬼で移動していると結構すぐに「営業中」の看板が目に入った。
「あ、ほら、ありましたよ！」
「ほんとだ！　お腹空いてないけどいっか！」
入ってみたら、お洒落なオイスターバーをジャズが好きそうなおじさまが音楽を流しながら1
人で営業していた。
「いらっしゃい」
「こんにちはー。私たち小島神社行こうと思ってきたんですけど、まだこれ時間かかります
かね？」
「おぉ、そーだねぇ、あと1時間以上はかかるぞ。良かったら、ここで休んでいって」
「あ、はい」
1時間以上こちらで時間を潰しながら、ようやく小島神社まで島を渡ることができた。
一周するのも15分ほどで終わる小さな島に、石垣を登るとこぢんまりとした神社が佇んで
いた。
「ここは観光スポットとしては素晴らしいですね！」
「天気良ければなぁ〜」
「また来たいですね」
と時間に制限があるという日本のモン・サン・ミシェルの魔法にうっとりしながら、私たち
は最後の取材地を後にした。

五島列島
Goto Islands

五島列島（ごとうれっとう）は長崎県南西部に位置する大小152からなる島々である。古くは1566年、宣教師の来島によりキリスト教の布教が行われた。多くの教会があり2018年に「長崎の教会群とキリスト教関連遺産」として世界遺産登録がなされている。

島データ

中通島　面積：168平方キロメートル　人口：16,112人

若松島　面積：30,99平方キロメートル　人口：1,935人

奈留島　面積：23,80平方キロメートル　人口：2,642人

久賀島　面積：37,35平方キロメートル　人口：370人

福江島　面積：326平方キロメートル　人口：33,008人

蕨小島　面積0.03平方キロメートル　人口：8人（日本最小の有人島）

行き方：（飛行機 ✈）羽田空港発～福岡空港着　1時間40分 ➡ （飛行機 ✈）福岡空港発～福江空港着　40分（福江島）➡ (ジェットフォイル ⛴) 福江港発～奈良尾港着　約30分（仲通島）　現地の移動：（車 🚗）、（海上タクシー ⛴）、（バイク 🏍）

文◎　船越 真衣

わらび小島と五島列島教会群

五島列島は私が来たかったところだ。
ミッション系の学校を卒業している私にとっては馴染みも深いし、何より歴史的にもクリスチャンには興味深い教会ばかりだからである。今回もヒロくんと一緒に回ることになったのだが、ヒロくんも歴史的建築物を被写体にすることに心躍らせていた。
「今までの取材で一番ワクワクしますね！　楽しみ！」
「いや～教会ですか～私の腕の見せ所です」
「船のチャーターとかもありますし、なんだかプチ旅行気分じゃあないですか！」
「せっかくだから諸々楽しんじゃいましょう！」
旅先で起こる多数の事件など私達はまだ知る由もない。

飛行機でまず都内から福岡まで赴き、そこからまた乗り継ぎで「福江」という五島列島の空港に向かった。とにかくわかりやすく「島」である。島の取材に慣れてきていた私は、まずレンタカーを借り、コンビニまでの距離やその島全体の大枠を頭に入れておくことをこの数回の旅で無意識に行えるようになっていた。
「とにかく教会をたくさん回りますからね、区別ができるようにしましょう」
「ここは煉瓦造りらしいし、次は木造らしいですよ」
まずは堂崎天主堂の素晴らしい煉瓦造りの聖堂に向かった。赤煉瓦の聖堂は明治末期に完成したもので、堂内はキリシタン資料館となっている。聖堂の前には宣教を再開したマルマン神父と、現聖堂を建てたペルー神父の像が立っている。この日は晴れていたので赤煉瓦の聖堂が鮮やかにみることができた。
この後で向かった水ノ浦教会堂は真っ白の木造建築で、過酷なキリシタン弾圧を乗り越えた人々が、明治13年に設立した。木造教会堂としては国内最大規模のものだそうだ。中には綺麗なステンドグラスが窓に施されており、庭には私の母校を思い起こさせるように、マリア様の像が飾られていた。高台にある教会のため景色も良く、お墓にも少しお邪魔してみた。
「この島はほとんどがクリスチャンなんですかね？」
「後で取材時に聞いてみましょうか」
最初にサクッと回った2つの教会はどちらも全く趣の違う造りであった。
「ここまでコントラストのある教会を最初の2つに見ると、この先、ハードルあがっちゃいますね！」
「でもまだまだ沢山ありますからね！　どんどんみていきましょう！」
三井楽教会堂はステンドグラスが綺麗で、建築物としても珍しく、横に広がる造りであった。
「土地が広いからですかね？」

堂崎天主堂

水ノ浦教会堂

三井楽教会堂

井持浦教会堂

「それもあると思うけど、教会によって造るときの歴史的背景があるんだろうね」
こちらは明治13年のゴシック様式の木造の教会堂である。なんともモダンでステンドグラスは地元出身の人がつくったと言われている。
次に廻った井持浦教会堂は、日本で最初に作られた「ルルドの洞窟」である。
その洞窟の中から湧き出る「ルルドの泉」とは、キリスト教の歴史では「不治の病を治す力がある」と言われている場所として有名だ。私は以前にクリスチャンの母と一緒にフランスのルルドまで赴いたことがあり、車椅子などで体の不自由な方や盲目な方が訪れていた場所として記憶に新しい。一度訪れたことがある者としてはなんとも感慨深いものがあった。
こちらではルルドのお水で手や口をゆすいで、邪念を取り去る、赦しを乞う、というものである。私も手を洗い、ペットボトルに水を入れて母に持って帰ったのであった。

突然の船キャンセル

ひと通り教会をまわった後、ジェットフォイルで奈良尾港へと向かった。五島列島は大きく分けて上五島と下五島に分かれている。この奈良尾港は上五島の中の港だ。
が。ここで事件である。
港に着いた夕方もどんより曇っていたが、明日は大雨で洞窟に行けないかもしれないとレンタカー屋の方に言われてしまったのである。
「え、キリシタン洞窟ですよね？　それって今回一番の目玉取材先じゃなかったでしたっけ？！」
「そうなんですよ、、ちょっと電話して聞いてみましょう！」
「予約していた海上タクシーですよね！？」
「そうそう。やっぱり明日はムリかな！？」
早速、予約していた海上タクシーに電話した。
「はい、もしもし、海上タクシーです」
「すみません、明日にキリシタン洞窟に行く予約をしている者なんですが、、、」
「あー明日はシケが凄いから多分船は出せないよ」
「えええええ」
隣でヒロくんが（今から！今からって交渉して！！）と合図してくる。
「あの、本当に無理を言って申し訳ないのですが、、、」
といろいろ説得し続けた結果、こちらの無茶苦茶なお願いを聞き入れてくださり、今からすぐに出してくださるということになった。
「わかったよ！　今からすぐ港に来て！　すぐ出すから！　場所はここね！」
「本当にありがとうございます！」
場所もとても丁寧に説明してくださり、この島の方々はみんな天使なのではないかと思った次第であった。

「あーよかったよかった！」

奈良尾港から海上タクシーの出る港まで急いでレンタカーで向かったら、既に先ほど電話した海上タクシーの船長さんがいらしていた。

「ありがとうございます！　よろしくお願い致します！」

と深々と頭を下げ、急いで船に乗り込む。

この日に船を出してくださった船長さんは近くで旅館もやっていらっしゃるとのこと。

段々と天候が悪くなりそうな中、私達は急いでキリシタン洞窟へと向かった。30分ほど船に揺られて着いた先には、岩のてっぺんにキリスト像と十字架が飾られていた。

「ここから先は行けないから、自分達で降りて、見てきてごらん」

船を岸につけておくこともできないため、船を一度沖に出しておいてもらい、その間に私達は洞窟まで岩を登っていった。

「わあ！！　すごい！！　ここに隠れていたんですね」

「こんな場所によく姿をくらまそうと思いましたね」

「信仰を守り生きていくことに必死だったとしか言いようがない」

どう考えても住み心地が良さそうとは思えない僻地の絶壁であった。どのようにして食料を調達し、寝床を作っていたのだろうか。もはや戦時中とでも言える過酷な状況下に思えた。荒波が打ちつける断崖にあるこの小さな洞窟は、明治初めのキリシタン弾圧の時に、信者3家族の7人が住んでいたと言われている。炊事の焚き火の煙を船に見つかって捕らえられて拷問されたが、幸いにも死者は出なかったそうだ。今は船でしかいけない、通常はツアーでしかいけない場所である。

「足元も悪いし断崖絶壁で危ないですよね」

当時の歴史的背景をしみじみと考えながら私達はまた船に戻った。隠れキリシタンの歴史は信仰の闇が深そうだ。

「ありがとうございました！」

船長さんに深々と頭を下げ港に帰る途中で、他にもこの辺りにまつわる色々なお話を伺うことができた。

「この辺りははまちの養殖が盛んだったんだよ」

「今はないんですか？」

「今はもうマグロばかりでね、でも、はまちの養殖場だった跡地はあるんだよ」

「ちなみにやはりこの島に住んでいらっしゃる方々はほとんどクリスチャンなんですか？」

「いやあ、4割くらいじゃないかねえ、でも大変みたいだよ」

「何がですか？？」

「ほら、結婚とかになるとね、改宗しないといけないからねえ」

「やはり今でもその風習はあるのですね。」

「家のこともあるし、どこの教会に属するとかもあるからね」

「風習とかもあるんですか？」
「私はクリスチャンじゃないからわからないんだけどね、そう聞くよ、あははは」
と、最後は濁されてしまった。
やはりこの地の歴史と宗教は深く今もまだ根付いているようである。この日は疲れ果てて
ホテルですぐに休んでしまった。

大雨の中の教会巡り

次の日もまた朝から教会巡りである。この日は予想通りの天気で朝から土砂降りであった。
まずは上五島の大曽教会に向かった。こちらはステンドグラスがとても綺麗で、煉瓦造り
の教会としては人気らしい。
「この教会はステンドグラスの色がなんとも美しいですね〜海外みたい」
「色づかいが何とも絶妙ですね！　写真撮りましょう！」
ここは私もとても気に入って時間の許す限り滞在していたように思う。だが優雅な時間も束
の間、ここからが大変であった。土砂降りにも増して風も強くなり、大嵐になったのだ。車
の前も見えないような打ちつけてくる大嵐である。車から降りて写真を撮り取材をするなど
できそうにない。青砂ヶ浦天主堂に向かったのだが、この教会は高台の上に存在しており、
階段を登らなくてはならない。
「ヒロくん、これどうします！？　のぼりますか！？」
「うーん、、でも、時間もないし行きましょう！！」
「傘の意味ないですよね、これ！？」
上からバケツを被ったかのようにびしょびしょになるほどの大雨の中、傘をひっくり返しなが
ら、叫びながら坂を登った。ヒロくんはさらにカメラを守らなくてはならないのでてんやわん
やだ。
「大変だ！　メガネが飛ばされた！！」
ヒロくんがとてつもない声で叫んだ。
「え！？」
「メガネがないと何も見えないのでこの先の取材ができません！！」
「なんでコンタクトじゃないんですか！！」
今はそんなことを突っ込んでいられない。2人でびしょびしょになりながら、大雨の中、ど
こに吹っ飛んだかわからないメガネを探した。メガネがないと本当にこの先の取材もできな
いし、車の運転だって不可能では？と不安になった。
「風も強いし、どこかに吹っ飛んだかもしれないですよね！？」
横殴りの大雨の中、2人で必死にメガネを探した。
「あった！！」
大声で叫んだ先にメガネが見えた！　よかった！！　泣きそうになりながらひと段落である。

大曽教会

キリシタン洞窟

車に戻ると、私達は溺れて助けられた人達のようなずぶ濡れ姿になっていた。
「一旦、服を着替えて乾かしましょう」
「そうですね、、風邪ひきそうです」
テンションがダダ下がりの中、近くのトイレに駆けこみ、急いで服を着替え、2人は気をとりなおして次の取材先へ向かった。

頭ヶ島天主堂

こちらの教会は取材するにあたって予約が必要であったため、時間厳守で向かった。向かった先には丁寧にこちらの教会を管理していらっしゃる方が来てくださって、いろんな説明をしてくださった。
「どこからきたの？」
「東京です」
「最近はあんまり観光の方も来るの少なくなってるからねえ」
少し警戒されているような、でも丁寧に、この地域のお話をしてくださった。
「この地域には29の教会があるんだけどね、石造りの教会はここだけなんだよ」
「どのようにして石造りの教会を作ったんですか？」
「すごく大変だったんだよ、ここの教会だけは柱がないでしょう？ それが石造りの特徴なんだけどさ、他の教会は全て木造なんだよ。ここは10年かけて作られた教会だからね」
「10年？！ どうしてそんなにかかったんですか！？」
「この近くにどくろじまっていう島があってね、そこから石を運んできていたんだよ」
「どくろじま、ですか？」
「そう、岩の形がね、割れていて頭と体に分かれている、という言い伝えがあってね、どくろじまって言われているんだけどね、そこから運んできていたんだよ」
「重いから時間がかかったってことですか？」
「いや、1日に2、3個しか石を運べなかったんだよ。なにせ、石が重いからね」
「だいたいどれくらいの重さなんですか？」
「1つの岩がだいたい300キロとかじゃないかな。だから10年かかったんだよ」
「木造に比べてかなり年月と労力がかかっているわけですね」
「そうなんだよ。103年前に作られてね、今は世界遺産になっているんだよ」
「なるほど。他に特徴ってあるんですか？」
「船底天井って言って、天井の形が船みたいな形なのを、イエスキリストが歩いたいばらの道に見立てて、描いてある花は全て薔薇の花なんだよ。『花御堂』っていうんだ。ステンドグラスもいばらの冠だしね。ステンドグラスに描かれている14枚の絵は、イエスキリストが十字架に磔になるまでの様子を描いているんだよ」
「なるほど、、、」

青砂ヶ浦天主堂　　頭ヶ島天主堂

「2階もあるでしょう？あそこは聖歌隊が歌う場所なんだよ」

「よく海外映画で見るものですね」

「そう、本来は若者が聖歌隊として歌うんだけど、最近は島民が少ないから若い人がいなくて困っているんだよ」

「どこの地域も少子化問題は大変ですね」

「だね。でもこうやって取材してくれて少しでもこの島に関心を持ってくれたら嬉しいよ」

「私も嬉しいです。ありがとうございました」

日本の島々の行く末を考えると、やはりどうしても少子化は目を背けられない問題だ。

そのまま車を走らせて次は中ノ浦教会に向かった。雨も止んできて綺麗に写真を撮ることもできそうだ。中に入るとたまたま同じタイミングで、教会に入っていく方達がいらした。

「こんにちは」

「こんにちは〜観光ですか？　私はこの教会と関係が深いのよ、タイミング良かったわね、説明してあげる」

と、優しいおばさまがニコニコと説明をしてくれた。

「この教会はメルヘンなんだけど、クリスマスにはツリーやリースを飾って、子供たちにも人気なのよ、でも置き場所がないから2階の屋根裏にしまっているの、見る？」

「え、いいんですか」

「いいわよ、足元が悪いから気をつけてね」

と、快く2階の聖歌隊エリアに案内してくれた。

上に上がると大きくて可愛いクリスマスで使うリースや子供が好きそうな物が並んでいた。

「いろんなイベントをやっているのよ、みんなで毎週集まってるの」

と、楽しそうに話してくれた。教会によってやはり趣味嗜好が少しずつ違うらしいことは、この小さな島の中に数多存在する教会を巡ってわかったことである。

「ありがとうございました」

深々とお礼をして中ノ浦教会を後にした。

バイクで島巡り

次の日は上五島と下五島の大きな島の間にある「久賀島」を巡るため、「原付バイクに乗れ」というなんとも無謀なお達しが編集長から出ていたのだが、私は原付バイクどころか自転車もろくに乗れない女だ。車の免許も自信を持ってペーパードライバーだし、なんとか回避できる方法はないかと探りながらもこの日の取材後にレンタカー屋さんに寄った。

バイクにまたがり、乗ってみようと試みたものの私は流石に乗りこなせる自信がなかった。

「ヒロくん、これ流石に無理です、、泣」

「だよね、、二人乗りにしますか？」

中ノ浦教会

浜脇教会

旧五輪教会

と、中型バイクの免許を持っていたヒロくんの後ろに乗せてもらうことになり、なんとか自分で運転するのを回避することができた。

久賀島と日本最小の8人の有人島！
最終日は朝からなんともてんやわんやであった。まず、昨日借りたバイクを、船に乗せる作業である。重いし階段はあるし、大人の人間2人で運べるものではない。今日も海上タクシーを予約しており、船長さんにもお願いしてようやく船に乗せることができた。しかし、またこれを陸地に運び出すのも一苦労である。
「ヒロくんこれ重すぎません！？　というか動かないです！」
「やってみるしかないよ！　とりあえず乗せられたんだから！」
「これまた下ろすんですか！？　腰が抜けます！　泣」
という会話を、船長さんの前でやいのやいの朝から繰り広げていたのであった。
バイクを船に乗せてまずは「久賀島」の浜脇教会へと向かった。綺麗な木造の白い教会である。
本当はここから牢獄の記念教会へと向かいたかったのだが、バイクを陸地に上げることがどうしても出来ずに断念した。その後旧五輪教会へも船を走らせたのだが、こちらにはすでにツアー客が沢山きており、人気な教会のようであった。島によってかなり観光客の人数が違っていたのも面白かった。

ここからお目当ての「蕨小島」へと向かった。「蕨小島」は「久賀島」の目と鼻の先にあるが、もちろん定期船などは無い。日本最小の有人島である。8人が住んでおり、皆クリスチャンだという。どのように生活しているのか本当に興味深かった。
島に着くと、浜辺の小さな小屋で作業をしている青年がいたので話を聞いてみた。
「すみません、今は何をなさっているんですか？」
「魚を捕まえる仕掛けを作ってます」
「こちらの島には今何人の方が住んでるんですか？　みなさん親戚とかなんですか？」
「9人かな？　島から出てもなんだかんだ島が居心地が良くて帰って来たりするんですよ。僕より向こうで作業してるおばちゃんの方が詳しいから聞いてみてください」
「ありがとうございます」
島のヘリに目をやると、いくつか家が並んでいる。その先には山があり、お墓があると地図には記載があったのでそちらに向かってみた。道というより獣道のような山道を登って行くと、途中で農作業中のおばちゃんに出くわした。
「こんにちは」
「あら～こんにちは。観光かしら？」
「はい、少しお話し伺ってもいいですか？」

「いいわよ〜前はね、この島観光ツアーとかもあったんだけど、なんせその道がね、私たちの庭の中を通る道順なのよ〜困っちゃってね、一応プライバシーがあるから市に頼んでツアーはやめてもらったのよ」

確かにここの島には道らしきものが無い。私たちが道だと思っていたものは、彼らの家の敷地内だったのだ。

「すみません！ 敷地内に勝手にお邪魔して」

「いいのよ〜仕方ないわよね、市が道を作ってくれないんだもの」

やはり8人の島ということで色々なことが後回しにされていると言っていた。嵐や災害のために作ってほしいと市に要請した防波堤や避難所もいまだに造られていないそうだ。

「生活の諸々は困ったりすることはないんですか？」

「意外とないのよ〜トイレもちゃんと水洗だし、お風呂も自動湯沸よ。電気も電話もあるし。あとは自給自足の生活ね」

「食料や日用品はどうしてるんですか？」

「魚は取れるし、畑もあるでしょ？ でも毎週五輪教会までミサに行くし、晴れた日なんかは毎日船で福江に行くのよ。で魚を売りに行くの」

「なるほど、この島に籠りっきり、というわけではないんですね。『蕨小島』にいる方はみなさんご親族ですか？」

「そうね〜みな血は繋がっているわね。元々20人いたけどね、今は8人。あ、長男が帰って来たから9人かな。心配して帰って来てくれたのよ。末っ子はね、奈留島で神父をやっているのよ」

元々はやはり迫害に遭って逃げて住み着いた人たちだ。彼らはその末裔である。先祖代々隠れキリシタンの想いを継いで、この地で生きていくことを決めたのだ。屋根裏に十字架を隠して身を潜めて生き延びてきたことを思うと、辛く悲しい歴史があることは間違いない。それらのお話も聞きたかったが、やはり悲しい顔をされていたのでそれ以上聞くことができなかった。代わりにお墓の場所を教えてくれた。お墓は昔はみな土葬で、迫害にあった人は骨だけ埋められているという。全員クリスチャンだそうだ。お墓参りをして戻ってくると、先ほどのおばちゃんが家に入れてくれた。

「ほら、これね、ダラっていうお茶なの、暑いでしょ？ 飲んで行きなさい」

「ありがとうございます」

島の人たちは本当にみんな優しい。隠れキリシタンの歴史を思いながらもこの島の人々の優しさに日々心が洗われていったように思う。

今回沢山の島の教会を巡り、島の人々の想いがそれぞれの教会に深く刻まれているように感じた。隠れキリシタン達はその壮絶な歴史を偲んで、この地にこれだけ沢山の教会を建てて来たのだろう。ただただ素晴らしい歴史的建築物と捉えるには私には重すぎるもののように感じた。

硫黄島
Io Islands

硫黄島（いおうじま）は鹿児島県に属す小島で、島の北東部には活火山である硫黄岳（703m）がそびえ現在も硫黄を噴出している。島のいたるところから温泉が噴き出しており、海岸沿いに湧き出た露天風呂は日本名湯百選にも選ばれている。

島データ

面積：11,74平方キロメートル　人口：121人

行き方：（飛行機 🛩）羽田空港発～鹿児島空港着　1時間50分 ➡ （フェリー 🛳）鹿児島港発～硫黄島港着　3時間30分　現地の移動：(車 🚗)

文◎　船越 真衣

鹿児島にあるもうひとつの硫黄島

硫黄島と聞くと、かの有名な映画にもなった「戦争跡地」を思い浮かべるかもしれない。
今回はそちらではなく、九州の南にある硫黄島に行くことになった。
朝早くから鹿児島を出てフェリーに乗るところから今回の旅は始まる。
揺れるかもしれないと酔い止めまで買い込んで眠い目を擦りながらフェリー乗り場へと急ぐ
と、同じような状態のヒロくんと遭遇した。
「おはようございます」
「今回のロケは温泉水着撮影もあるし、まわるところも多いので頑張りましょう！」
「いや、今はそれよりも、フェリーが揺れそうなので怖いです。。」
モゴモゴと文句を言いながらフェリーに乗り込もうとしていたら、朝だからか美味しそうな焼
きたてのパンが売られていたので、ちゃっかりといくつか購入。出航前に朝ごはんを食べ
て船酔い前に仮眠をとることにした。
だがしかし、少しまどろんでいると、ヒロくんに叩き起こされる。
「島々がとても綺麗ですよ！　写真撮りましょう！」
「ええぇ！　まだ化粧してないですーーーーーー」
と、私は起き上がり、数分で気持ちばかりの化粧を施し、デッキに出てみると、そこには
大きな威容を誇る火山島が見えてきた。
「見てください！　海の色！」
「え！！！！！　これはすごい！！」
見たことのない、真っ赤な海が目の前に広がっていた。鉄分が溶けこんでおり、このよう
な色になっているらしい。
「火山が近いから鉄分が浮いているんですねえ〜」
初っ端から度肝を抜かれる光景に我々は心躍らせながらも、船は硫黄島に到着。
昼過ぎだったので、時間はたっぷりあると思い、まずは俊寛堂に向かった。
「ここはジブリの世界観ですね」
「うん、なんだか、トトロが出て来そう」
まさにこの表現がぴったりである。下は苔？で緑のふかふかの絨毯、道の両側には空を
も覆うほどに生い茂った緑の植物がトンネルの如く生えていた。
「ここには何百年も前には平家の末裔が住んでいたと言われているんだよ」
「さすがヒロくん、歴史好き！」
「毎回それいうよねえ」
「豆知識とても助かります！　笑」
「今回はサクサク行くよ！　次は希望の鐘がある、高台に行こう！　景色が綺麗らしい！」
「何か希望を持てるんですね！　安直だけど楽しみ！」

と、安っぽい会話をしながら次の目的地に向かった。

でも本当に素敵な景色が広がっていた。海の向こうには他の島が一望でき、眼前には硫黄島が威容誇っている。至る所から湯気が出ていたし、温泉が出るのは間違いない。

「そうですよね、温泉入りに来ましたから」

「水着嫌だなあ、、、」

天然温泉へ

そこから着替えて東温泉という場所に向かった。今回のメインイベント、ワイルドな天然温泉である。

「ちょっと撮影前に入ってみていいですか？、、、だめだ！　あっついい！！！！！」

「ええええ、大丈夫ですか？！」

本当にあれは60度近くあったと思う。軽い火傷を負いながら、入れそうな場所を探した。

「ここなら入れそうです！」

「じゃあこの辺りで！　あ、でももう少しこっちで！」

「いや、そこ熱いんです！！」

文句言いながらも笑顔で熱湯に浸かった。炎天下の中の高温の温泉は汗だくであった。

「夏バテしそうですーーーーー」

「あと少し！」

撮影が終わった頃には、私はヘロヘロで体重が減ったのではないかと思うほどであった。

「今日はこの辺りにしておきましょうか！」

「は、はい、、、」

島民の人たちは、冬には2、3人で楽しくこの温泉に入りに来たりもするらしい。

なんとも優雅であるが、バテている私は羨ましいと思う余裕がなかった。

ただ、観光客が多いときはこの天然温泉も人気で混むので、観光の方々が帰ってから行くようにするそうだ。

「さあ、帰って宿でご飯にしましょう！」

今回は民宿にお世話になることとなっている。

「こんばんは〜」

「はい、どうぞ、いらっしゃい」

こじんまりとした雰囲気のいい民宿にお世話になった。おかみさんはとても気さくでご飯もおいしかった。

この日は温泉に入ったため、シャワーだけお借りして就寝。

大浦港

次の日、港に朝フェリーが到着すると、大盛り上がりで太鼓を叩いたりして、観光客を歓

迎するお出迎えが見受けられた。

その場で役場の方々とお話できたので色々聞いてみることにした。

「これはなんですか！？」

「これは半留学生制度と言ってね、この硫黄島で、文化やジャンベを学ぶ代わりに、村役場の仕事の一環で任されるお仕事なのよ」

「ジャンベってなんですか？」

「アフリカンダンスよ。後で教室覗いてみます？」

「はい！　是非お願いします！」

ジャンベ？　聞いたことないぞ！　なんだろうか？とワクワクしながら、大きな太鼓の音を聞いていた。どうやら留学生が週4でやる仕事として定着しているらしい。みんなとても楽しそうに歓迎のパフォーマンスをしていたのが印象的であった。

この留学制度は定住促進の意図もあるという。海外や地方からも、ジャンベを学びたい老若男女が訪れているという。その昔、ジャンベの音楽をこの地にもたらした人がいるらしい。

「ジャンベがもっと根付いてくれたら嬉しいんです」

「後でどんな音楽か聞かせてください」

島民は120人ほどしかいない硫黄島であるが、島起こしとして試行錯誤しながらいろんなことに挑戦していると聞く。

「定期的にバーベキューをしたりして、交流会もしているのよ」

「とても楽しそうじゃないですか！」

「この島のことを知ってもらったり、交流を深めたり、ジャンベについての意見交換したり、みんな意欲的に動いているのよ」

この島の人たちはほとんどが公務員で、税金で賄われているという。

なんとも表情の濁る情報もあったが、ここでは伏せておこう。

ちなみに島の教師は20人、生徒も20人、かなり贅沢な学校である。

そして役場の人は細々とした雑用が多いそうだ。

「島の居心地が良くて戻ってくる人も多いのよ」

「仕事にもそこまで困らなさそうですね」

「そろそろ教室が始まるから、ジャンベスクールに行ってみる？」

「はい！　お願いします！」

私とヒロくんはその場を後にして、教室へと連れて行ってもらった。

ジャンベスクール

大太鼓の音と掛け声のようなものが聞こえてきた。教室の中に入ると、数人の男女が楽しそうに太鼓を足に挟んでリズムをとっている。

「こんにちは〜」

色々と話を聞いてみると、ここにいる人たちは皆さまざまな場所でアフリカン音楽の「ジャンベ」を知り、その魅力にハマり、この地の留学制度を調べて、約半年（そのまま何年かいる方もいるらしい）この地で勉強するそうだ。教室の壁にはいくつも世界、日本大会の表彰状などが飾られていた。

「とても楽しいですよ、ぜひやってみませんか？」

「え、いいですか？？」

私も少し教えてもらって、ジャンベの音楽に触れてみることにした。

リズミカルに太鼓を叩くのだが、なかなか難しい。参加させてもらい世界の音楽の奥深さにしみじみしながら、その場を後にした。

一等船室の乗り心地

「さあ急ぎましょう！　帰りのフェリーは一等船室に乗りますから！」

「え、いいんですか？！」

「編集長から了承済みです！　一等船室の写真も撮らないといけないし！」

フェリーに乗り、一等船室へ向かうと、ドア付きの一室となっていた。ホテルの一室のような感じである。

「個別でゆっくりできてやはりいいですねえ〜毎回これだといいなあ」

「編集長にまたごねましょう！」

「あはは！　ヒロくんのお部屋も窓が大きくていいですね！」

2人でお互いの部屋を観覧し、ゆっくりとくつろぎながら鹿児島へと向かった。

「今回は弾丸でしたけど、なかなか内容の濃い楽しい旅でしたね」

「そうですね！　これくらいサクサク回れたらいいなあ」

「2人でまた次回も楽しみましょう！　お疲れ様でした！」

終わりよければすべてよし。帰りの優雅な一等船室のフェリーに癒されながら、我々の硫黄島の旅は終わった。

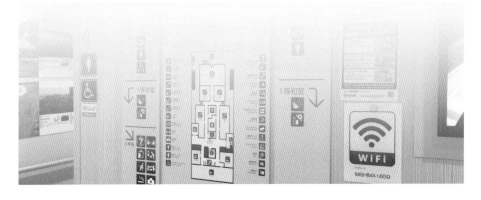

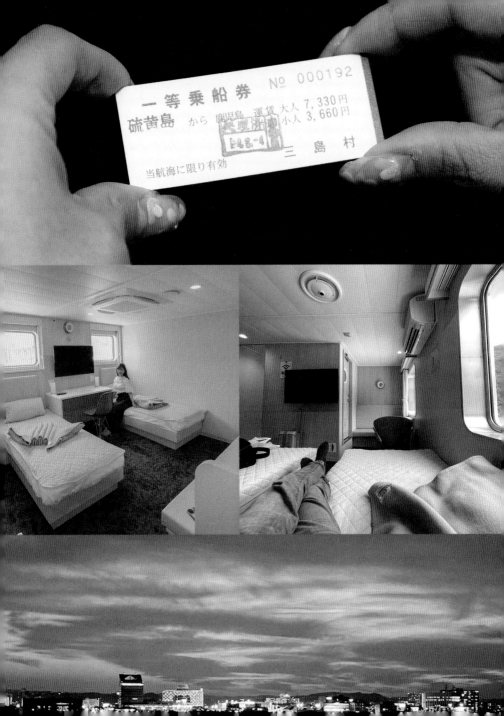

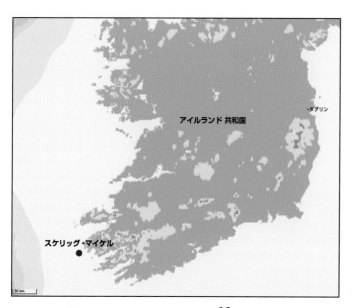

スケリッグ･マイケル
Skellig Michael

スケリッグ・マイケルはアイルランド島の沖合約16キロメートルに位置し岩山からなる孤島である。急峻な崖の上に修道院が建てられ、キリスト教の僧侶たちがその下で暮らしていたとされているが現在は無人島である。1996年に世界遺産に登録された。

島データ

面積：0.18平方キロメートル　人口：0人　時差：－9時間

行き方：(飛行機✈)成田空港発～シャルル・ド・ゴール空港(フランス)経由～ダブリン空港着（アイルランド）約15時間➡(飛行機✈)ダブリン空港発～ケリー空港着（アイルランド）30分➡(車🚗)ケリー空港発～ポートマギー港着➡(フェリー⛴)ポートマギー港～スケリッグ・マイケル　現地の移動：(徒歩👟)

文◎　船越 真衣

スケリグマイケルの謎

極秘指令

＜スケリグマイケル＞ と言われて、

「うん！　そこ知ってる！」

という人はあまりいないと思われる。まして行ったことがある人はもっと少ないだろう。

私とカメラマンのヒロくんが、希の樹出版の岩岡編集長と丸いテーブルを囲んで、取材ミーティングをしている時のことだった。

岩岡編集長が＜スケリグマイケル＞と言ったとき、私はぽかんとしてしまった。

「すけりぐまいけるって何ですか？　どこにあるんですか？」

岩岡編集長はしょうがないなーという顔で私を見て、カメラマンのヒロくんの方を見た。

ヒロくんは、＜スケリグマイケル＞を知っていた。

「あ、スターウォーズが撮影されたアイルランドの島ですね。ルークが崖から落ちそうになって大変だった所です」

さすが！　ヒロくんが知っているのは歴史のことだけではない。博識だなあ。

ヨーロッパ地図の左の方をみると、島国イギリスがある。イギリスの西にある島がアイルランドである。アイルランドの西海岸は、とてつもなく入り組んでいて、島が点々と続いている。その一番南端にあるのが、米粒のように小さな島、スケリグマイケル、＜大天使ミカエルの岩＞である。

岩岡編集長によれば、スケリグマイケルこそ、ギリシャローマ文化がヨーロッパを席巻した時代の、ケルトを象徴する場所だと言うのだ。

「君たちも知っての通り、ヨーロッパの文明の3大基本要素は、ギリシャ文化、ローマ法、キリスト教の3つだ。アイルランドは僻地にあってローマ軍はやって来なかった。その後アイルランドはカトリックキリスト教を受け入れたが、その十字架は先住民ケルトのシンボルである。すなわちキリスト教がそのまま入っている訳ではない」

岩岡編集長は、秘書のトシちゃんがいれたお茶を一口飲むと、私たちに説明を続けた。

「君たちはレイラインを知っているかい？　世界を横切る精神エネルギーのラインだ。イスラエルのカルメル山から始まりギリシャを貫く＜レイライン＞の最北端がスケリグマイケルであり、この線上に大天使ミカエルを祀る教会や遺跡が無数にある。数千年前からミカエルを崇拝する人の行き来やエネルギーの交流が、地の果てアイルランドまであったという証拠である」私とカメラマンのヒロくんは、分かったような分からないような微妙な顔でお互いを見合わせた。岩岡編集長は、そんな私たちに淡々とした口調で言った。

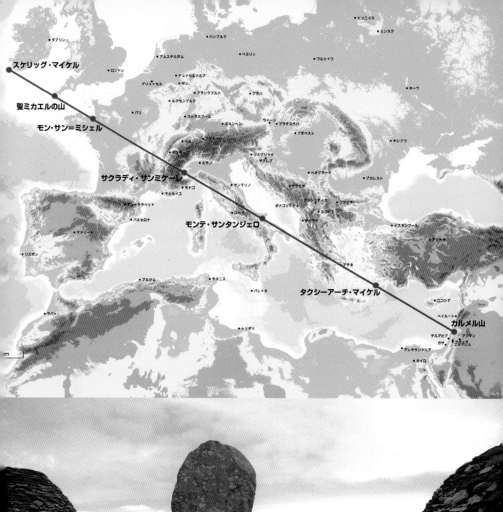

スケリッグ・マイケル

聖ミカエルの山

モン・サン＝ミシェル

サクラディ・サンミケーレ

モンテ・サンタンジェロ

タクシーアーチ・マイケル

カルメル山

ビリニュス
ダブリン
ハンブルク
ミンスク
ベルリン
アムステルダム
ワルシャワ
ロンドン
デュッセルドルフ
ボン
キーウ
ブリュッセル
フランクフルト
プラハ
ルクセンブルク
パリ
ストラスブール
ミュンヘン
ウィーン
ブラチスラバ
クラクフ
ベルン
アオスタ
ブダペスト
ジュネーブ
ミラノ
リュブリャナ
ザグレブ
モナコ
トリノ
サンマリノ
ベオグラード
ブカレスト
マルセイユ
アンドララベリャ
サラエボ
アルジェンティナ
ソフィア
バルセロナ
ローマ
ポドゴリツァ
スコピエ
イスタンブール
マドリード
ナポリ
ティラナ
アンカラ
リスボン
アルジェ
チュニス
ニコシア
バレッタ
ベイルート
ラバト
トリポリ
テルアビブ
アンマン
ガザ
エルサレム
アレキサンドリア
カイロ

「そこで君たちには、スケリグマイケルに行って、そのエネルギーを感じて来てもらいたい」
いきなりの岩岡編集長の話に、私たちは椅子から転げ落ちそうになった。
アイルランドの詳しい歴史は、よほど興味のある人でないと知らないし、レイラインって一体なんなの？　知らない所ほど行ってみたくなる私の性格的に俄然興味が湧いてきた。
さっそくスケリグマイケルについて調べてみる。

「1996年に世界遺産に登録されたスケリグマイケルには、6世紀に建てられた原始キリスト教の修道院がある。ヴァイキングの襲来に耐えたが、11世紀には無人島になり、いまでも石段と石積みの家が残っていて、信者が訪れる巡礼の場所である。現実離れした風景の絶海の孤島で、スターウォーズ＜フォースの覚醒＞の撮影以降、映画ファンの聖地にもなっている———」
よくわからないけどおもしろそう！！
よし！　この仕事も受けてみようじゃないか！

旅の予約はたいへんだった

こうして出版社のトシちゃんが、私たちの旅行の手配を始めてくれた。トシちゃんの年齢を聞いたことはないけれど、およそ20歳前半で旅慣れている様子はない。が、いつもとても丁寧に対応してくれる可愛い後輩のような存在である。
聞いてみると、日本からアイルランドの首都ダブリンまで行き、ダブリンで飛行機を乗り換えケリー空港に行く。レンタカーでスケリグマイケルの対岸まで行き宿泊、そこから船をやとって島に渡る、という段取りだそうだ。

しかし困ったことに、飛行機やホテルの予約は問題なかったものの、最後の島に渡る船の予約がなかなか取れなかった。
夏のシーズン中でないと船は出ないし、その日の天候が不順だと海が荒れて船が出ない。世界遺産だから誰でも勝手にいくという事ができない。1日に島に上がることのできる観光客の人数は180人までと限られているし、特別なライセンスがないと船も出せないらしい。
さらに、今の時代にインターネットが使えない。ライセンスを持った船長さんに直接電話して予約しなければならないのだ。
トシちゃんは、ライセンスを持った現地の船長さん15人のリストをやっと手にいれ、片っ端から電話をし始めた。トシちゃんの英語力も私と同レベルといったところだ。
しかし日本との時差もあるし、相手は田舎の船長さん。アイルランド訛りの英語に悩まされながら、真夜中まで何十回も国際電話しなければならなかった。
「まあ、絶海の孤島なんだし、予約が簡単にいかないのは当然かもね」
数日間の奮闘の末、トシちゃんの努力の甲斐あってようやく予約が取れた。

何回か電話で話した船のオーナーが、困り果てたトシちゃんに知り合いの船を紹介してやろうと言う事になったのだ。ほっと一息。後は海が荒れないことを祈るばかりだ。
よし！　アイルランドに向かって出発だ。

アイルランドは適当だ

カメラマンのヒロくんと成田で落ち合った後、日本からパリ経由14時間半の飛行で、アイルランドの首都ダブリンに到着した。

日本で＜アイルランド＞というと、隣の大国イギリスにくらべて印象が薄い。

イギリスに植民地として何百年も支配・併合されて、やっと1921年に独立した。アイルランド本来の言葉は英語と違うし、民族もケルト系で、文化も習慣も歴史的にイギリスとは異なっている。しかし島の北の部分、北アイルランドだけは、今もイギリスの一部のままとなっている。

北アイルランドをイギリスから取り戻そうという動きは、IRA（アイルランド共和国軍）などのテロにもなって1998年まで泥沼の血生臭い状況だった。

「アイルランドの歴史には悲しいものがあるね。

漢字で＜愛蘭土＞と書くからどんなに愛情深い国かと思ったら、じゃがいもさえなくて何万人も飢え死にしたと言うからね」

「大国イギリスの植民地としていじめられて来たんですね」

「でも、アメリカのケネディだってアイルランド系の移民だし、アイルランド人って努力家なんだよ、きっと」

「それってかなり強引すぎません？」

「現地の人と話したりしてみたらそのうちわかるさ！」

ダブリンの空港で飛行機を乗り換えてほんの1時間で、アイルランドの西の端、ケリー空港に到着した。午後遅くに私たちが乗ったのがその日最後の飛行機だったようだ。

何人かの乗客がそそくさと帰路についてしまうと、あっという間に空港には誰もいなくなってしまった。

「なんだかもの寂しいですね」

「人が全然いない、、、」

ワクワクした気持ちをよそに、人気の少ない道をてくてくと進む私たちであった。

トシちゃんが日本から予約してくれたホテル＜リングオブケリー＞は、カアーサイビーンの国道沿いにあった。受付の男性従業員は、まだ20代後半で背が高くてがっしりした体格の好青年だ。私たちが日本人とわかると

「僕の名前はスチュワート。2ヶ月後に日本に旅行に行きます。東京のユキコさんは私の友達です。知っていますか？」
「ユキコさんもたくさんいるから同じユキコさんかどうかーー？」
「東京に帰ったら、ユキコさんによろしく」
「わかりました、ユキコさんによろしくと伝えます」
なんでも、ユキコさんは3ヶ月前に日本から来た旅行者で、すっかりスチュワートと意気投合してしまったとのことだ。
アイルランド人は陽気で細かいところにこだわらない気質だというが、スチュワートと話しているとさっそくその国民性に触れることができた気持ちになった。

夕方、ホテルのレストランで15人ほどの人が夕飯を食べていた。
観光に来たホテル客もいれば、村の人も食べている。私は鮭のグリル、ヒロ君はフィッシュアンドチップス、それに飲み物は白ワインとビールをそれぞれ注文した。
ブロンドの店員さんは黒っぽい服に白いエプロンをつけてとても愛想がよく、てきぱきと仕事をしている。
出された大きなお皿にはてんこ盛りに料理が盛りつけてあって、凄いボリュームである。
「かんぱーい！」
「やっぱり現地のご飯を食べないと始まらないですね！」
「ほんっとうに君は食い意地だけは誰よりもあるなあ」
ヒロくんは地元のMc Garslesというアイルランドビールを堪能していた。
現地のお酒はやっぱり美味しいらしい。料理もおいしかったし、ようやくアイルランドに来たという実感が湧いてきた。

雨のポートマギー
翌朝、スケリグマイケルに渡る日だ。
7時に目が覚めて、おそるおそる窓の外を伺うと空は暗く小雨が降っていた。
「うわあ、雨だー、、船はちゃんと出るのかなあ？」
と思わず独り言をポツリ。
海が荒れたら船が出ない。船が出なければもちろん島には行けない。
しかし島は岸から16キロも離れているから見えるわけがない。
もやもやと不安になりながらも、腹が減っては戦はできぬと、朝食に降りて行くと
昨夜と同じ愛想の良い店員さんがいた。ニコッと挨拶を軽く済ませた頃、カメラマンのヒロくんも下に降りて来た。
「おはようございます！」
「大丈夫ですかね、今日の船」

外を見てみると、さっきより雨は小降りになっているし、空も少し明るくなった気がする。船長さんに電話してみた。
「船は大丈夫！ 9時30分までに港に来てくれ！」
いい返事！ 良かった！ 最初の日に島まで行って上陸できれば、今回の取材旅行は成功したことになる。

あたふたと私とヒロくんは急いでホテルを出て港に駆けつけた。
「よかった、間に合ったー！」
船が出る港ポートマギーまで車で15分。
港にはすでに船に乗る観光客が20人ほどあつまって来ていて、何艘かの船が出発の準備をしていた。
「このポートマギーはスターウォーズ の撮影後、打ち上げパーティーが開かれたところです」
とヒロくんが博識ぶりを発揮した。
「こっちこっち！」
日本人とわかり向こうから声をかけて来たのは、お爺さん船長だ。
案内された船は10人以上は乗れる屋根のない長さ10mほどのものだった。
すでに数人の観光客が座って待っていた。
同乗者はみんな白人で、小学生くらいの子供を2人連れた家族連れに、中年カップルが2組、それに私たち日本人トラベラーの合計10人だ。

いよいよ出航である。
雨雲の暗い空の下、1時間ほどで島に着くはずだ。
しかし船が港を出ると波が高くなり、それに時々小雨がまじる強い風も吹いてきた。夏だというのに風は冷たく、雨に濡れた服は容赦無く体温を奪っていく。
私は持ってきていた上着を急いで着込んだ。
家族連れが4人で1枚のビニールをかぶって風と寒さに耐えている。
船が沖に出ると、右に左にと大きな波に揺られながら私はさっき朝食で食べた血のソーセージが胃の中で揺れているのを感じていた。
大きく左右に揺れ、切っ先が波に突っ込むたびに、ズズズと前につんのめる。
家族連れは、青い顔をした子供たちを、母親と父親が抱きしめてビニールで風としぶきを防いでいる。他のカップルたちも手を取り合って寒い風のなかひたすら時間が経つのを待っていた。私もさっき食べた血のソーセージの匂いが上がって来た。
「ちょっとまずいかも、、船酔いで嘔吐するときは船から身を乗り出して、、」
などと考えかけていた時、前方に目的の島が見えて来た。
助かったー！

ちなみに、ヒロくんはずっと甲板で横になっていたから、必死に船酔いをこらえていたのかと思ったら「寝てた」らしい。先輩、流石です！

スケリグマイケル到達
スケリグマイケルには島が2つあって、最初に船が近付いた島は、木が全く生えていない岩山で、鳥とオットセイしかいないスモール・スケリグマイケルだった。
そびえ立つ島の黒い岩が、ところどころ鳥の糞で白くなっている。マンクスミズナギドリ、ウミツバメ、ウミガラス、カツオドリ、ニシノツメドリなどが島の黒い岩に鈴なりにとまっている。ニシツノメドリとは、＜パフィン＞と呼ばれ、くちばしと足がオレンジ色の面白い顔の鳥だ。そんな鳥が島全体に何万羽もいるらしい。
波が打ち寄せる岩にはオットセイが何匹かいた。
小島を横目に、次はいよいよ修道院のあるグレート・スケリグマイケル島である。
岸壁はコンクリートを固めて船が着けるようになっているが、狭いので一艘ずつ、前の船の乗客が上陸したら次の船が島に着くことが出来る。
島のスタッフに手を取られて、私たちは無事に上陸できた。
「では、2時に迎えに来ます」
私たちの乗って来た船は、近くの海でプカプカしながら帰りの時刻がくるまで、待っているのだった。

船付き場の近くで、10数人の観光客が現地の係員の説明を聞いていた。
「石が濡れていて滑るので危ないです。ゆっくり歩いて、一段ずつゆっくり登ってください。降りるときは一瞬で落ちる事もできますが、ゆっくりと歩いて降りてください」
島を上がる階段は、厚さ数10センチ、幅1mはあろうかという自然の石を割って並べただけの急勾配で、一段ずつの高さもまちまちだし、手すりもなくて石が雨に濡れているので危険である。年に何人かは落ちる観光客がいるそうだ。
海抜218mの頂上まで、誰が数えたのか600段の階段があるという。
「スターウォーズの撮影で、転落しそうになって危なかったのはルークでした。ルークは前の撮影でもけがをして、顔に残った傷を、急遽映画の中で敵に顔をやられたことにしました。彼は本当にツイてませんでした」
ガイドが説明しなかったことを、スターウォーズのことなら何でも知っているヒロ君が説明してくれた。私はよくわからないまま、私たちもルークと同じ構図で記念写真を撮っていた。

右の方に上がって行けば修道院があり、左に上がって行けば、別の高みからマチュピチュ遺跡のような絶景が見渡せる。黒々とした土のある場所には、一面に緑の草が生い茂り野生の花が咲いていた。右の階段を上がって行って、ちょっとした石の門をくぐると、

「あったー！」

原始キリスト教の修道院の跡だ。石の十字架が並んだお墓もある。

自然の石をドーム型に並べて積み重ねただけの家が数軒並んでいる。2〜30センチの黒っぽい平らな石を重ねて積み上げ、直径も高さも3mほどの穴蔵にしてある。

南フランスのプロヴァンス地方でもイタリアのシチリア島でもこんな家をみたことがある。

平に割れる石が豊富にある地方では昔からある石の家だ。

身をかがめて中にはいってみると、思ったより狭くて暗かった。

石を置き並べただけの壁の内側には内張りもなく、ドアもない。とても寒そうである。

生活のための食料や物資の調達はとても大変だっただろうな、という想像は容易い。

水は雨水を貯めておいたようだ。野菜は島で栽培できたみたいだし、ニワトリや牛、豚、羊、ヤギはその辺に放しておいたらしい。塩は海から取ったとして、麦や米はどうするのだろうか。大波の中、岸まで漕ぎ出して、食料と燃料を運ぶ小さな船で往復していたのかもしれない。

修道院ができた6世紀ころの人口は、今の人口の何分の1もいなかったのに、あえてこうしたへんぴな場所に修道院を作ったのはなぜなのだろう。

岩岡編集長が言っていた＜レイライン＞の線上、この場所でなければならない理由があったのだろうか？

修道者たちの生活を想像しながら、謎は深まるばかりだ。

レイライン 鍵はケルト

そもそも、修道者たちは何故スケリグマイケルのような場所に修道院を作ったのか？

　＜レイライン＞についてお話しよう。

それは、無数の聖地を結ぶ数千キロのラインである。

スケリグマイケルはアイルランドの南西端にあるのだが、ブリテン島の南西端には、セントマイケルズマウントがある。イギリスの海に浮かんだ岩の上に、大天使マイケルを祀った修道院がある。それはフランスにあるモンサンミッシェルとあまりにそっくりらしい。そして、スケリグマイケルとセントマイケルズマウント、モンサンミッシェルは、なんと一直線上にある。アイルランド、イギリス、フランスの海に浮かぶ岩山に、大天使マイケルにちなむ修道院がまっすぐに並んでいるのだ。その直線をもっと東に伸ばせば、フランスからイタリアを通り、ギリシャのデルフォイ、アテナイ、ロードス島からイスラエルのカルメル山に及ぶ長大な直線になる。その線上に大天使ミカエルの聖堂やパワースポットが、偶然ではない確率で多数並んでいる。このラインを1977年に発見したのは、フランスの人文学者ジャン・リシュと、兄のリュシアン・リシュである。

大天使ミカエルは、鎧をつけ剣を持った美しい青年がドラゴンを退治する姿で描かれる。

そう、有名なパリのサンミッシェル広場にあるあの銅像がそれである。

ドラゴンを退治するとは、大地の持つ自然のパワーをコントロールして人間が使えるようにすることを表している。ひたすら自然の驚異に屈従するのではなく、自然を手なずけるということらしい。

スケリグマイケルに修道院が築かれた6世紀には、アイルランドからイスラエルまで、ミカエル・アポロン信仰に基づくイメージが世界的に流布され、その信仰を共有した人の動きがあった。ヨーロッパ中にケルト系の教会がいまでも200以上あるように、ケルト人は実に勤勉に伝道してまわったと言われている。

1000年以上も前の修道士が見上げていた夜空、人工の光が全くないスケリグマイケルで見る満天の星空がどれだけ素晴らしいものか、、。

私は真っ暗な空を見上げながら、昔の人たちの気持ちを少しでも体験できないかと想像してみた。スケリグマイケルの修道士たちは、大天使ミカエルを奉じながら、この豊かな自然を全身で感じていたのだろう。歴史って素晴らしい。ヒロくんがあんなにハマっているのも理解できるかも、とちょっと共感した。

見晴らしの良い島の南側のテラスに立って方角を確かめると、南東のイギリスのセントマイケルズマウントに向かって目をこらした。もちろん見えるわけはないのだが、きっとこの視線の先にはフランスのモンサンミッシェルがあり、フランスイタリア、ギリシャなどいくつものミカエルを祀った教会を通って、4千キロ先にはイスラエルのカルメル山があるはずだ。

「ヒロくん、この方向で写真を撮ってみて！」

ヒロくんにその方向の写真を撮ってもらって、後でみたらドラゴンが写っていたりしたらホラーだけど、そこに写っていたのはやっぱり真っ暗な空と海のうねりだけであった。

そう、ここは、絶海の孤島なのだ。

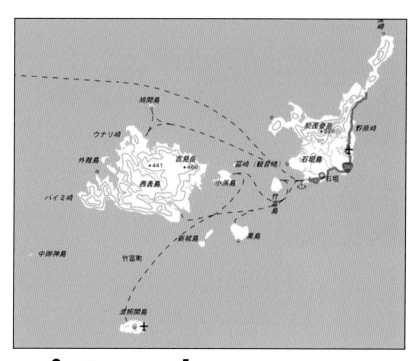

パナリ島
Panari Islands

パナリ島とは、沖縄県に属し、八重山方言で「離れ」を意味し、正式名称は上地島及び下地島の2つの島を合わせ新城島（あらぐすくじま）という。かつては「人魚伝説」のモデルにもなったジュゴンの最大の生息地と言われていたが、現在その数は激減している。

島データ

上地島　面積：1.76平方キロメートル　人口：9人

下地島　面積：1.58平方キロメートル　人口：2人

行き方：(飛行機✈) 羽田空港発～那覇空港着　2時間40分➡ (飛行機✈) 那覇空港発～石垣島空港着　55分➡ (船⛴) 石垣港～新城港　約40分　現地の移動：(徒歩👟)

文◎　村山 眼蔵

沖縄　パナリ島の謎

冬こそ沖縄

恒例の、年初めイワオカ編集長とのミーティングの時のこと、一月の寒風が吹き抜ける新宿の街を歩いて、出版社のドアを開けて入ろうとすると、ちょうどカメラマンのヒロ君も到着したところだった。

「やあお久しぶり、元気にしてる？」

「長野の白馬に行ってました」

しばらく会わないヒロ君は、ちょうどいい具合に日焼けしてサムライ風の渋い風貌がさらに精悍になっていた。5日間スノーボードに明け暮れていたという。日焼けした顔の下、コートの上からでも体の線が締まっているのが見て取れた。

型通りの新年の挨拶のあと、ミーティングのテーマ「孤島」の取材先を決めるにあたって、なぜかイワオカ編集長は、「こんな寒い時には沖縄にでも行って」と、沖縄を勧めてきた。

「ヤッホー」という表情のヒロ君の横で、

「オキナワですか？ーーーー」

沖縄と聞いた瞬間、ボクは口ごもってしまった。実は、ボクは世界中を旅行してきたわりに、肝心の日本国内で沖縄に足を踏み入れたことがないのだ。今まで一度も沖縄に行く機会がなかったし、自分から行こうとも思わなかった。

沖縄にヴァカンスに行く人にしてみれば、日本国内だから日本語が通じるしパスポートもいらない、青い海と白い砂、亜熱帯の太陽とちょっとしたエキゾチズムを楽しむことができるお気軽な旅行先なのだ。

しかし、「青い海」「亜熱帯」「エキゾチズム」ならタイやベトナムインドネシアにもあるし、モーリシャスやセーシェルのエメラルドの海を見てしまったら、その宣伝文句には引っかからない。何よりも「オキナワ」という地名の陰影、歴史の重みを感じて、「そこは気軽に行く場所ではない」と今まで敬遠してきた旅行先なのだ。

「沖縄の米軍基地と安保問題について取材するように」

と、イワオカ編集長がいうのではないかと、ボクは一瞬身構えたけれど、その言葉はなかった。

「沖縄ですか、いいですね～。沖縄の孤島と言えば＜パナリ島＞にしましょう」

ヒロ君はいとも気軽に言ってのけた。なんでも沖縄のパナリ島は、グラフィックデザイナーをしていた頃、島のイラスト地図を作ったことがあって、これも何かの縁、「行きましょう、行きましょう」と、すっかり乗り気になっている。ヒロ君は沖縄には何度も遊びに行ったことがあるものの、パナリ島は初めてなのだ。

イワオカ編集長も特に異存がなかったようで、なんという事もなく、年初めのボクたちの行

き先は、沖縄のパナリ島に決まってしまった。

「まあ、沖縄に行ったらヤギ汁でも食べてくるように」

イワオカ編集長は付け加えた。沖縄の名物と言えばヤギで、本土にはない＜ヤギ汁＞という料理があるらしい。

さて、こうなってしまったからには、ボクもパナリ島に行かないわけにはいかない。

初めての沖縄。さっそく下調べを始めた。

パナリ島の「パナリ」とは沖縄方言で「離れ」のことである。

パナリ島は東京から南西に2300km、那覇市から430km離れているので究極の離島、絶海の孤島のように聞こえるが、石垣島から25km、西表島から6kmの位置にある。国際空港のある石垣島から定期船は出ていないものの、船で行けば2時間、西表島から数十分の近い距離であった。全然「絶海の孤島」のイメージではない。

ではなぜ「離れ」というのか？　すぐ横の主島である黒島から離れているからという説と、パナリ島が上地島（かみぢじま）と下地島（しもぢじま）に分かれているからという説がある。地元では上地島を「カンジ」、下地島を「シムジ」と呼ぶ。

上地島は大きさが2.5km x 0.7km、下地島は1.3km x1.5km。この小さな二つの島は400m離れており、普段は海に隔てられているが、大潮の干潮で潮が引くとサンゴ礁のリーフが現れ、歩いて渡ることができる。普段は2つの島が離れているから＜離れ＞パナリ島なのだ。

一般には「パナリ島」といわれるが、正式には「新城島」（あらぐすくじま）である。「城」を「ぐすく」と読むのは沖縄の読み方である。「あらぐすく」は、下地島にあった村落、アーラスコ村に由来する。

現在の島の住民は上地島が9人、下池島が2人。合わせて11人しかいない。

サンゴ礁の海がきれいで、観光客はシュノーケルやダイビングを楽しむことができる。人魚神社という変わった神社もある。そして何よりこの島を有名にしているのは、誰にも真相を明かされない村の祭りであるという。祭りの様子は部外者には一切公開されていないし、秘密を破ろうとした者は呪いにかかったように死んでいくという、恐ろしい祭りなのだそうだ。

旧暦の6月ということは新暦7月ごろ、今ではない。よかった！　イワオカ編集長なら「祭りを取材してこい」と言いかねないだけに、ボクたちの命が救われたようなものだ。

パナリ島にアクセスするには、定期船が出ていないので船をチャーターするか自分で船を漕いで行くしかない。観光客用のツアーもあるらしいが、今はその季節でもないし、ボクはツアーの旅行は旅行ではないと思っている。

山羊ジャーキー

消費期限　20　　月　日
品名　ヤギ　肉
　　　30g　　ムエイト商社
製造　沖縄県島尻郡中城村

1,000

いざ沖縄へ

髪の長い美人秘書のトシちゃんが、新城島にいく船を探してくれた。

「予約できました」

トシちゃんが予約したのは、4トンの平船。定員は28名、船の底がガラスになっていて、海に潜らなくても海底をのぞくことのできる観光船である。夏の間は観光客を乗せて海を回るが、冬の今は、季節外れの新城島に行こうかという物好きな観光客のチャーターに応じている。さあ、石垣行きの航空チケットを予約して、初めての沖縄に出発だ。

那覇で飛行機を乗り換えて、石垣島に到着し街を散歩した。

「ほら、普通の街と人でしょう？」

ヒロ君がボクに言った。

沖縄の人は自分たちをウチナンチュー、本土の人をナイチャーと呼んで区別して、差別的・閉鎖的だというのは、下調べしているうちにわかっていた。歴史も文化も異なっていて、ひと昔前は琉球王国という別の国。ボクにしてみれば、今でもはじめて行く外国のような気がしていたのだ。

街で目にする看板や広告は、日本語で書かれていてもけっこう異質なひびきだ。

びっくりしたのは「太陽ぬ子保育園」と書かれた看板を見たときだ。「太陽ぬ」？「ぬ子」？意味不明だ。あんなでかい看板を間違って書くはずはないし何だろう、と不思議がるボクに、ヒロ君が説明してくれた。

「沖縄の方言は母音が3つ、アイウエオのうちエオが抜けて、アイウになるんです。だからあれは＜太陽の子＞という意味です。

「ムムム、そうだったのかー」

イワオカ編集長からの宿題、沖縄料理も石垣で食べに行った。沖縄料理屋に入って、注文したのが＜郷土料理づくし＞というセットメニューと茹でたカニ、飲み物はもちろん泡盛の古酒だ。セットの献立表、お品書きを見てまたびっくり。　＜すねる＞　＜みみがー＞　＜豆腐よう＞　＜昆布いりちー＞　＜どぅる天＞　＜ラフテー＞　＜ぢ魚造り＞　＜こーじゅーしー＞　＜汁物＞　＜ちきむん＞　――　。　漢字部分を除いて全く意味不明なのだ。

「ヤギ汁はないんですか？」

「あぁ、あれは祝いの時によく食べたけど、今の人はフライドチキンですね。ヤギ汁は他の食堂で出すところがありますが、うちではやってません」

イワオカ編集長の課題は、また明日ということで。

石垣の空港からホテルに入り、波照間島など観光した後、いよいよパナリ島である。沖縄3日目の午前11時、天気も快晴。石垣の港にチャーターした船がボクたちを待っていた。

「あっ！　あそこですね」

ヒロ君が指さす先には、10mほどの長さの白い船の横で、黒い野球帽、濃紺のヤッケを着た小柄でヒゲの船長さんが手を振っている。船長の横には黒と青のジャンパーを着た息子らしき若者が、2階デッキ付きのグラスボートの出航の準備をしている。2人ともよく日に焼けている。

船から見る沖縄の海は、引き込まれるような青と緑、透明な輝きにあふれていた。白い砂浜が海中まで続き、無機質で透明な海水が穏やかに揺れている。沖縄の宣伝文句に出てくる海はこれだな、と思った。ヒロ君も高揚して盛んにシャッターを切っている。

「昨日タンカーが座礁したんです」

船長が指差す方角を見ると数キロ先に巨大なタンカーが見えた。見えないサンゴ礁があちこちにあって、ボクたちの船も海に突き出た案内の杭を縫うように航行した。慣れていないと非常に危険な海域なのだ。

パナリ島の下地島は海から見るだけで、上地島の波消しブロックを抜けて上地島の船着場に到着した。

「誰もいないですねー」

とヒロ君が言った。港には船を迎える人もなく店もなく、島には全く誰もいない、ボクたちだけだ。

港からすぐ横、台風で倒されたのか、1m x 2mほどの観光客への注意事項が書かれた白い看板が生い茂る草に埋もれている。

1　無断でお宮に入ったり、勝手に願い事をしてはならない

2　裸や水着で歩いてはいけない

キャンプ野宿はしてはならない、島の動植物を採集してはならない　－－。

＜勝手に願い事をしてはならない＞という注意書きは初めて見た、それも一番はじめに書かれている。

「これが秘祭の島なんですね」

ヒロ君はうなった。

秘祭の島　パナリ

村の中の船長さんの自宅に招かれると、パナリ島の歴史を話してくれた。パナリ島には18世紀に705人の住民がいたが、明和の大津波、疫病、飢饉、昭和恐慌、沖縄戦、マラリアなどでどんどん人口が減り、今では9人になってしまった。村には戸を締め切った民家が30軒ほどあり、住民票をおく9人も石垣や西表島に住んでいて、年に一度祭りの時にしか家を使わない。船長さんだけが、石垣島とパナリの家に半々で住んでいるとのこ

とである。

向かいの下地島はすでに廃村になり、島全体が肉牛の牧場で管理人しかいない。

20年前、上地島も廃村になるかもという話を聞いて、船長さんは三重県のホンダで働いていたが、居ても立ってもいられず島に帰ってくると、今は船で観光客を案内したり、公民館の管理や祭りの運営に携わっているという。

船長さんはひとしきり島の歴史を話した後、誰もいない島の中を案内してくれた。

集落には1.5mほどの高さの石垣が家の周囲をめぐり、石垣にはサボテンの仲間のキンチョーが生えている。サンゴ礁の岩の代わりに巨大なあこや貝の殻を石のように積み上げているところもある。どの家も手入れはされているが雨戸が閉まっている。村の道から林の中に入っていくと、いたる所にオオゴマダラという蝶が何匹も飛んでいる。

「蝶が舞う楽園ですね」

ヒロ君は蝶の他に、絶滅危惧種と言われるカンムリワシも見つけて写真に撮った。

次に案内された＜火番盛タカニク＞は、集落の北300mの所にあり、直径7m、高さ3mほどの石積みである。この高台で狼煙をあげ、異国船の接近などの情報を島から島へと送っていたのだ。このネットワークは宮古島の北にある池間島から、波照間島まで100km以上を結んでいる。一説によれば、琉球侵攻をした薩摩藩が琉球政府に設置の要請をし、江戸幕府の鎖国体制の完成を示すと言われている。横に立っている真新しい石碑に書かれた〇〇時代の部分の石が削られていた。

「なんでここは削られているのでしょうか？」

船長は、そこには＜薩摩時代＞と書かれていたと説明してくれた。削られた跡もまだ新しい。400年前の薩摩侵攻に今でも恨みを持っている人がいるのであろう。沖縄の歴史問題の一端を見た思いだった。

石積みの上からは隣の黒島の火番盛が見えるはずだが、見渡す限り茂みと森だった。数十年前までは焼畑農業をしていたので、森はなく畑だった。焼畑をやめて数十年ですっかり森になってしまったのだそうだ。

ついで向かったのが公民館である。住民が9人しかいない島にしてはずいぶん立派な鉄筋コンクリート製の公民館があった。お祭りに使う道具なども保管してあるらしい。

「小学校の跡地に、ヤマハリゾートと交渉して公民館を建てたんです。公民館というと役所の予算が下りないので災害避難所という名目です」

「あの郵便箱は、祭りの邪魔になるので道路から公民館の敷地に移動しました」

指さしたのは赤い郵便箱。手紙を出す人もいないだろうに。

家に向かって帰る道の途中に、神社のように高さ3mほどの石の鳥居があった。人魚神社に違いない。人魚の骨が祀ってあるらしい。

「明治政府がうちの御嶽（ウタキ）に鳥居を立てた」

船長さんは鳥居を見ながら苦々しげに言った。

「あ、ここでは写真は撮らないでください。中にも入れません、ここは島の聖地ですから」

「この奥はどうなっています？　お祭りって、何があるんですか？」

写真を止められたヒロ君の正面切った質問に、船長は言った。

「それは秘密です」

後で聞いてみると、やっぱりこの島の祭りは部外者には秘密で、村人の制止を聞かずに撮影しようとした人のカメラが壊されたり、入ってはいけない場所に入ったと学生が袋叩きにあったりしたという。村人に見つからなかったとしても、無断で侵入したり秘密を漏らした者は不慮の事故死をとげたり原因不明の病気で死んだりするというのだ。

「ゾゾゾー、ボクたちにも祟りがあるかも」

ヒロ君と顔を見合わせた。居心地の悪くなる話であるが、村人が秘密を守るためにこうした脅しを考えたのかも知れない。

「祭りは絶やしてはなりません、またそれは男だけの仕事で、うちの息子も成人して祭りの一員です」

年長者を尊重するとか挨拶がちゃんとできるとか、人格も審査されてはじめて祭りに加わることができるそうだ。秘密性の高い祭りと厳格なイニシエーションの仕組みは、島社会の団結と統制のための仕組みだった。

沖縄学の研究者

結局、パナリ島では祭りが何だったのかわからないままその日を終え、次の日からボクたちは西表島の観光にいそしんだのだった。石垣島から西表に行くときは八重山観光の船に乗り、帰りは安栄観光の定期船だった。安栄観光の船は西表島を出港した後、驚くことに船内放送でパナリ島を経由するというのだった。つい先日来た、見覚えのあるパナリ島の船着場に船が入ると、5人の男女が乗ってきた。

「なーんだ、パナリ島には安栄観光の船で来られるのか」

ヒロ君と話していると、隣の席にいた男性が話しかけてきた。

「パナリ島の住民が予約したら船はパナリに寄るんです。観光客は予約できません。おたくどちらから来られました？」

こうして、Mさんと話が始まった。Mさんは5年前に沖縄に移住して、趣味で沖縄学を研究しているという。ちょっと気の弱そうな大柄な男性で、出身は名古屋と言った。

「沖縄学ってあるんですね。ボクは岡山出身だけど＜岡山学＞はないなあ」

Mさんと船内で色々話したうえ、また改めて石垣島で会おうということになった。

後日石垣で会った時、ボクとヒロ君はＭさんに忌憚なく質問を浴びせた。
以下の話は、Ｍさんからの貴重な情報である

パナリ秘祭の真相
「あちこちに神社の鳥居を見ました」
沖縄県に神社は14社ありますが、普通に鳥居がある場所は神社ではなく、地元の土着宗教の聖地、御嶽（ウタキ）です。沖縄本島には数百、宮古29、八重山76、パナリ島には4つの御嶽があります。村の鎮守として、村は御嶽を中心に形成されます。風を遮る森があり御嶽があり、そばに草分けの家ができ、有力者の家が続きます。本土の原始神道との関係も伺われますが、本土の神社と違って社殿や家屋がありません。あるのは森と岩、香炉くらいなものです。村人にとって神聖で大切な場所です。
琉球王朝を併合した明治政府は、富国強兵と皇民化政策により、土着の宗教の代わりに国家神道を押し付けようとしました。既存の御嶽に鳥居をつけさせ、新たに沖縄開闢の祖である舜天とその父の源為朝、そして琉球最後の国王尚泰を祭神とする＜沖縄神社＞を作ろうとしました。しかし沖縄の人は自分たちの御嶽を守ろうとしています。

「有名なパナリ島の祭りはいつですか？」
旧暦の6月、（子・寅・午・酉）のいずれか。正確な日程さえ外部の人間には知らされません。パナリでは年に4回（粟の豊年祭、米の豊年祭、海の安全、結願）祭りがありますが、この豊年祭のとき、パナリを出た村人も仕事を投げ打って島に帰ってきて、島の人口は数百人になります。

「なぜ秘密なんでしょう？」
琉球王朝のせいだと思います。多くの国の始まりは、農耕を始めて余剰食糧の管理から階級ができ国ができました。しかし沖縄は鉄の使用は本土より1000年遅れ、稲作も数百年遅れて始まりました。琉球王朝は15世紀に貿易を背景にできたものです。琉球王朝は人々から税金を取り立て、村からの移動を制限したり、人々が集まる宗教行事を禁止したりしました。国という意識もない島の人は、人頭税の重税に苦しみ、村内の血族結婚で遺伝病も増え、唯一心の支えの祭りを守るために秘密にしたのではないかと思っています。

「どんな祭りですか？」
西表島の古見村が起源で、海の彼方、夢の国ニライカナイの世界から来るアカマタ・クロマタという来訪神の祭りです。5月の粟祭りの時にアカマタの子・クロマタの子が出ますが、米の豊年祭は親子4神の祭りで、儀式は3日間続きます。身長2m以上、赤と黒のお面をかぶり、全身を山葡萄の葉で覆ったインパクトのある姿で、村の各戸を深夜4時まで回

ります。人々は太鼓や横笛で歌や踊り祈りを捧げ、神々はムチを持ったり二本の黒い棒を十字にしたりするので、子供は怯えて泣き出します。最終日の明け方、神々が去って行く時、みんな涙を流しながら別れを惜しみます。

＜お別れしたくありません。泣く泣くお別れするのです。どうか来年もユーをもたらしてください＞ 最後にアトヨイ（後祝い）をして終わります。

ついにヤギ汁

Ｍさんからは、沖縄の基地や貧困の問題についても示唆に富む意見を聞かせてもらった。

「何としてもお礼がしたいです。食事をご馳走させてください」

感激して、ボクはＭさんに申し出た。

「沖縄名物　ヤギ汁にしましょう」

「いや、結構です」

「？？」

さすがの沖縄通も、なぜかヤギ汁だけは研究したくないようだ。

ヒロ君と2人だけで食べに行ったヤギ汁のある店は、なんとも殺風景な食堂で、鼻につくヤギの匂いが漂っていた。壁には毛の生えたヤギの首の剥製がかかっている。目鼻立ちの濃いおばさんが料理を持ってきた。ヤギ汁というから、豚汁みたいに肉と野菜が入っている味噌仕立てかと思ったら、そうではなかった。ヤギの肉もあるけれど、フラクタル模様の腸や部位のわからない内臓がごっそり入っていて、味噌よりも塩味のモツ煮込みだった。匂い消しにヨモギがたっぷりのせてある。

「えっ？　ボクあまり内臓系は得意ではないんですけど」

鼻をつまみながら尻込みするボクを、なぜかヒロ君は強気に責めたてる。

「イワオカ編集長に怒られます、なんのために沖縄まで来たんですか？」

「　ーーー　」

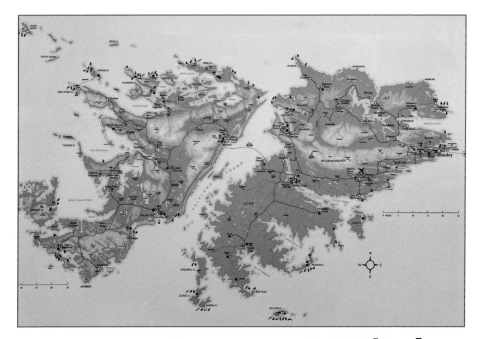

フォークランド諸島
Falkland Islands

フォークランド諸島は、南アメリカ大陸南端のマゼラン海峡の東方５００キロメートルにある諸島。イギリス、アルゼンチンが領有権を主張し紛争もおきている。アルゼンチン名はマルビナス諸島。

島データ

主な町：スタンリー　面積：１２，１７０平方キロメートル（東京都の５.６倍）　人口：２，９００人　公用語：英語　通貨：フォークランド諸島ポンド　時差：－１３時間

行き方：(飛行機 ✈) 成田空港発～フランクフルト空港・エセイサ空港経由～サンティアゴ空港着（チリ）　約２５時間 ➡ (飛行機 ✈) サンティアゴ空港発～プンタアレナス空港着（チリ）３時間３０分 ➡ (飛行機 ✈) プンタアレナス空港発～マウントプレザント空港着　１時間３０分　現地の移動：(車 🚗)

文◎　村山　眼蔵

フォークランドに行ってきた

「戦争を見てきて欲しい」

イワオカ編集長はいつも唐突だ。

編集会議の途中で、何の脈絡もなくいきなり言われたボクたちは、びっくりして視線が泳ぐ。

「えっ！　戦争ですか？」

カメラマンのヒロ君は、自分がついに戦争カメラマンになると怖気づいているのがわかる。

「ま、まさか、ウクライナですか？」

場合によってはかなり危険なことになるかも、と身が引き締まる思いと、何だか面白いことになってきたぞという好奇心が動き出した。男が熱中するのは危険と遊びだ。

しかしイワオカ編集長は、ボクたちを安心させるように言った。

「戦争といっても、40年前の戦争だ。次のテーマはフォークランドにしようと思う。フォークランド戦争はアルゼンチンとイギリスの領土争いだった。島の住民はイギリス人だが、場所はイギリスから13000kmも離れたアルゼンチンの近くだ。戦争はとっくに終わっているから、ペンギンが君らを歓迎してくれるだろう」

イワオカ編集長は、戦争の大まかな流れをボクたちに説明した上で、こう言った。

「宣戦布告がないので、戦争ではなく紛争という人もいるが、ここはあえて戦争と言おう。これはまさに戦争のイメージ通り凄惨な殺し合いだった。

戦ったイギリスの軍隊はプロの職業軍人だったが、アルゼンチン側は若くて愛国心に燃える兵士が多かった。国を愛するということは全くの抽象だった。苦しく過酷な戦場で、彼らは恐怖と飢え、寒さに震えて死んでいったのだ」

髪の長い美人秘書のトシちゃんが運んできたお茶を一口飲むと、イワオカ編集長はさらに続けた。

「古代ローマの賢人は、『戦争で法は沈黙する』と言った。また南北戦争のウリアムシャーマン将軍は『戦争は地獄である』と言ったが、極限の無法状態で実際に戦って死んだのは現場の兵士たちだった。アルゼンチンのガルチエリ大統領もイギリスのサッチャー首相も上から指示を出すだけだ。

君らには、この戦争の現場を通して、国とは何か、愛国心とは何かを見てきて欲しい」

「地雷は大丈夫なんですかね？」

ヒロ君がもっともな質問を投げかけた。もうすっかり戦争カメラマンの気分なのだ。

ロバートキャパは地雷で死んだし、日本の戦争写真家、一ノ瀬泰造の『地雷を踏んだら

サヨウナラ』という言葉は有名だ。現に、ボクたちが2年前にパタゴニアにいった時に、アルゼンチンとチリの戦争の時に仕掛けられた地雷がいまだにそのままで、道路の脇に『地雷！　危険！』と書かれたドクロマークの看板がパタゴニアの野原に立っていたのを見た。

イワオカ編集長は、心配するな、と確約した。

「大丈夫。地雷はいまは完全に撤去されている。野原を走り回っても問題ない」

フォークランド旅行の準備は大変だった

南アメリカ大陸の南端が尻尾を振ったようにはねている、フォークランド島はその先端からさらに東方500km、大西洋の沖にある。フォークランドの南の方には、それを受け止めようとするかのように、南極大陸から南極半島が伸びている。島ではペンギンやアザラシ、クジラなど南極と共通する動物が多く見られる———。

しかしいざフォークランドに行くために調べようとしても、インターネットで出てくるのはペンギンや海鳥など動物の話だし、フォークランド旅行記を見ても南極クルーズのついでに寄港したような話ばかり。現地の詳しい情報や戦争についての話は皆無だ。どこからどうやっていくのか。行った先にホテルがあるのかレンタカーがあるのか、全く情報がないのだ。

それでも万事有能な秘書のトシちゃんが、苦労してフォークランド諸島の情報を見つけてきてくれた。LATAM航空というチリの航空会社が、週に一便だけプンタアレナスからフォークランド首都のスタンリーまで飛行機を飛ばしているのだ。

スケジュールを調整して、飛行機の空き具合をみて、旅行の日程が決まった。

フォークランドに着くのは4月29日、フォークランドからチリのプンタアレナスに戻るのは1週間後の5月6日だ。この日付けは、奇しくも40年前の戦争の時期に一致する。

40年前のこの週に、イギリスはフォークランド周辺の海と空域を封鎖して、バルカン機がスタンリーとグースグリン空港を爆撃した。英潜水艦がアルゼンチンの巡洋艦を魚雷で沈没させ、アルゼンチンはイギリスの駆逐艦をフランス製ミサイル＜エグゾセ＞で撃沈させ———、という過激な戦争の真っ最中である。

南半球の秋から冬、南極に近い南緯51度だからそうとう寒い。気温は0度から10度である。冬物一式をカバンに入れた。

フォークランド諸島までの我々のルートは、以下の通りである。

東京からフランクフルトまで行き、そこからアルゼンチンの首都ブエノスアイレスに飛ぶ。

敗戦国アルゼンチンからイギリスが実効支配するフォークランド行きの飛行機は出ていないから、隣国チリの首都サンチアゴに行く。さらにチリ南端の街プンタアレナスに下り、プンタアレナスから週に一度、土曜日に出るフォークランドの首都スタンリー行きの飛行機に乗る。

4月29日、予定通りボクたちはフォークランド行きの LATAM 航空の定員180人のエアバス320に乗った。

フォークランド到着

飛行機の窓から島が見えてきた。灰色の空と灰色の海、森もないし樹木が生えていない。標高700mほどの山がもっこりと盛り上がっている他は、見渡す限り一面の枯れた草原とゴロゴロした岩の塊だ。

ボクたちの飛行機が着いたのは、スタンリーから53km西のマウントプレザン、軍の基地の空港だった。島の首都スタンリー近くに空港があるものの滑走路が1250mしかないのでジェット機が発着できないのだ。

アルゼンチンとの戦争のあと、マウントプレザンに2000名が駐留するイギリス軍の基地ができていた。ROYAL AIR FORCE と書かれた灰色のジャンボ機が停まっている、周囲の建物は全て緑色に塗られ、たくさんの施設と基地の周囲に兵舎のような家がある。

「ここは基地だ。写真を撮らないでください！」

空港基地の様子を写真に撮ったヒロ君が、職員に一喝された。

「厳しいですねぇ、でも撮っちゃいました」

ヒロ君は平気だ。戦争カメラマンなら止められて諦めている場合ではない。

トシちゃんが手配してくれたレンタカーは、空港横の駐車場に、車だけドアは施錠せず中に鍵がある状態で停められていた。島だから、車泥棒がいてもすぐに見つかってしまうのだ。空港からホテルのあるスタンリーの街まで53kmの道は、なだらかにくねる一本道で、信号も無ければ、民家も街灯もない。一本の木も生えていない、ただひたすら枯れた草や岩の転がる荒地に、気温5度の冷たい強風が吹き抜けている。ロシアの風景画をみているようだ。

車で走りながら、ずっと無言で外を見ていたヒロ君が口を開く。

「すごいところですね〜」

「何もないですね。荒地に道路が一本、これが長野県と同じ面積分あるんですね」

飛行機から見た荒涼とした光景を思い出しながら、ボクが言った。

スタンリー近くになってようやく人家が見えた。島で一番大きな街、スタンリーの人口は2000人ほどなのだ。ボクたちは、街に2－3軒しかない宿、マルビナスホテルに到着した。フォークランド島のことを、アルゼンチンでは＜マルビナス島＞と呼ぶのだった。

ホテルのすぐ横にはサッチャーの銅像があり、前の道の名前はサッチャードライブだった。すぐ横にイギリス兵の慰霊碑があり、赤い石板に数百人の兵士の名前と所属が彫り込まれている。他の石板には艦砲射撃で死んだ一般市民3人の女性の名前も書かれている。

マルビナスホテルの従業員は、みんなアジア人だ。フィリピン、タイ、インド、スリランカ人、レストランのシェフもフィリピン人だ。しかし、これはボクにとっては都合が良かった。WOK のアジア料理や、タイ風の麺、インド風のカレー料理などがあったのだ。

一般的に、イギリス料理の評判はあまりよくない。ホテルの近所のバーで頼んだフィッシュ＆チップスは、まずくはないが油がすごくて、もしこれが毎日続くとするとボクにはちょっとキツイ。

「おいしいですね。ちょっと油が強いですが、、」

2人前のフィッシュ＆チップスは、ギネスビールを飲みながらヒロ君が1人で食べ尽くした。

フォークランド戦争

さて、年配の人なら記憶に残る40年前のフォークランド戦争。そもそも何故戦争が起こったのか？　そしてどのように戦争が行われたのだろうか。

フォークランド諸島の最初の発見者は、原住民のヤーガン族という説もあれば、マゼラン船団が世界一周する中で見つけたという説、イギリス人探検家ジョンデイビスが発見したという説もある。アルゼンチンは自分に有利なマゼラン説、イギリスはジョンデイビス説をとっている。

大航海時代、獲物を求める狼のように、列強は植民地を求めて世界を徘徊していた。最初フランスがフォークランド東島に基地を作ったが、スペインに売却。同時期、西島にイギリスが基地を作った。そしてスペインはイギリスを追い出し、スペインが島に総督府をおいた。1810年アルゼンチンが独立し、スペインの領土を受け継いでフォークランドにも植民を始めた時、焦ったイギリスが武力でアルゼンチンを追い出した。1833年から現代まで、フォークランド諸島はイギリスが実効支配を続けている。その間に近海で石油が発見されたりもしている。

イギリスは、もし植民地帝国主義の象徴のようなフォークランドを手放すと、地中海の入り

ロのジブラルタルやカリブ海のベリーズも手放すことになりかねない。国連からの話し合いの勧告もイギリスはのらりくらりと時間稼ぎするだけで、フォークランド島のイギリス系住民の意向を尊重しようと言うばかりで、アルゼンチンとの話し合いに乗ってこなかった。そもそも話し合いに乗れば、アルゼンチンが正しいということになってしまう。

かたやアルゼンチンでは、1976年のクーデタのあと軍事政権が続いていた。3万人以上の反対派の学生やジャーナリストを逮捕・監禁・拷問・殺害して政権を維持してきたものの、国民は飽き飽きして、軍事政府への支持率は最低だった。ガルチエリは渋い声の、軍人としては優秀なイタリア系大統領であった。アルゼンチン建国以来初めての国土回復をして、国民の支持を得ようとした。1983年はイギリスが島を実効支配して150周年になる。その前に、大統領は島をアルゼンチンに取り返そうとしたのだった。

1982年3月18日、まずフォークランド島の東にある南ジョージア島に、くず鉄業者を装ったアルゼンチン軍が上陸してアルゼンチンの国旗を揚げた。実効支配しているイギリスが大きな反応を見せなかったのを見て、ガルチエリは、イギリスがフォークランド諸島を守ろうとしないのだと思い込んでしまった。イギリス病のイギリスは予算不足で軍を縮小していたし、本国から13000kmも離れた小島にイギリス軍が来るわけがない、と高をくくったのであった。

戦争は2ヶ月半続いた

4月2日。ガルチエリは今度はフォークランド島に軍隊を上陸させた。
深夜、96名のアルゼンチン兵士がゴムボートに分乗して島に向かった。イギリス側、島の守備隊はすでに上陸の情報を持っていて、上陸想定地点に地雷を埋めて待っていたが、アルゼンチン軍が上陸したのは、ジプシーコーブとペインブロク半島だった。

ボクたちはジプシーコーブに行ってみた。兵士が上陸したであろう白い砂浜が入り江にあって、まさにそこを、犬を連れた男が1人で散歩していた。
「地雷は大丈夫ですかね？」
ヒロ君はまだ地雷が気になるようだ。島の地雷の除去完了は2020年だが、それまでは地雷を恐れて人間が近寄らず、ペンギンやアザラシなど野生動物の天国だった。もう何ヶ月か早めに来たら、この湾でもマゼランペンギンの大群が見られるはずだ。秋となった今は、ジェンツーペンギンが少しいるだけだ。ペンギン好きのヒロ君が夢中でシャッターを切る。

さて、上陸したアルゼンチン兵士は二手に分かれ、島の守備隊兵舎と総督府に向かった。
寝込みを襲い、兵舎に催涙弾を投げ込んで制圧し、総督には降伏勧告をする作戦だった。

スタンリーの街の西端にある総督府を、ボクたちも訪れた。
「これが総督府ですね」
ヒロ君が、白い柵に囲まれた広い芝生のついた立派な邸宅を見て言った。
「違いますね、その隣のもっと立派な家が総督府です」
道の西側からきたボクたちは、最初にあった白い柵の家が総督府だと思ったが、その隣
に同じ白い柵で囲まれたもっと大きな家があって、そちらが本当の総督府だ。

島に攻め込んだアルゼンチン軍も、武装した少佐1人と部下4人が総督に降伏勧告をしよ
うと行ったのだが、間抜けなことに隣の管理事務所、執事の家の方にいってしまった。間
違いに気づき慌てて隣の総督府に入った時、すでに30人以上のイギリス海兵隊が自動小
銃を持ち、総督も拳銃を持ってアルゼンチン兵を待っていた。撃ち合いになり、アルゼン
チン軍少佐は射殺され、残りの兵士も捕虜になった。
兵舎の方は、イギリス兵の寝込みを襲うはずが、アメリカの偵察衛星情報からアルゼンチ
ン軍の動きは筒抜けで、イギリス守備隊はすでに武器を持って位置についていた。
この戦争を象徴するかのような、誤解とハプニングの戦争開始だった。

アルゼンチンは、それでも本国から2000名の兵士を送り込み、所詮数十名のイギリス守
備隊では勝負にならない、総督府を制圧し島を占領した。
輸入したイギリス製の銃を持ったアルゼンチン兵士が、降伏して地面に這いつくばったイギ
リス兵を見下している写真がイギリスでも報道され、戦争を鼓舞する世論をつくった。

イギリスでは議論が沸騰した。外相は乗り気でなく、国防相も戦争には勝てないとして否
定的であった。海軍卿のヘンリーリーチだけが積極的で、サッチャー首相は彼を軍事顧問
に採用して戦争を進めようとした。イギリスはその頃ひどいイギリス病で苦しみ、サッチャー
内閣の支持率も20パーセント台で最低だったため、愛国心を煽って国民にショックを与え
ようとしていた。サッチャーはフリードマン経済学を信奉し、この機会を利用して公共事業
を民営化してコーポラティズム国家を作ろうとしたのだ。
『この内閣にオトコはいないのか？！』

鉄の女と言われるサッチャーは、ためらう閣僚を叱りつけた。ヘイグ米国務長官や、国連やペルーの平和仲裁案も蹴って、ひたすら強硬に戦争への道を進んだ。

4月8日、イギリスからキャンベラ号が出航。追って原子力潜水艦など出航。サッチャーはイギリス海軍の3分の2の規模をフォークランドに派遣した。イギリスからフォークランドまでの13000kmといえば、日本からマラッカ海峡を通ってアフリカのマダガスカルまでの距離である。昼も夜も時速20ノット（37km）で走り続けても2週間かかる距離である。いかに遠くに軍を派遣したことか。

ボクとヒロ君は、40年前の今日は戦争で何が起きたかと、日付を確認しながら島巡りをした。島の天気は変わりやすく、朝晴れていてもいきなり雷が鳴ったり、にわか雨や雹が降ったり、マフラーと手袋がいるくらいの寒さであった。兵士が味わったはずの寒さ。

4月30日 イギリスはフォークランド島の空・海域を封鎖。
5月1日　スタンリーとグースグリーンの空港を、イギリス軍が遠距離爆撃。
　　　　南ジョージア島から出撃し、空中給油が17回も必要な難しい攻撃だった。
5月2日　英原子力潜水艦が、アルゼンチン海軍唯一の大型戦闘艦ヘネラルペルグラノを撃沈。船はイギリスが設定した海域の外にいて攻撃体制でもなかったが、英潜水艦がいきなり魚雷を発射したのだ。321名が荒天の海で戦死。これでもう、戦争するつもりのなかったアルゼンチンも後に引けなくなった。
5月3日　日本にも寄港した客船クイーンエリザベスⅡ号を徴用。地中海クルーズをキャンセルして3000名のイギリス兵士を乗せて出航することになる。
5月4日　英駆逐艦シェフィールドが、フランス製ミサイルエグゾセで撃沈させられる。

＜エグゾセ＞とは、直径35cm 長さ4.6m。高性能爆薬165kgを詰めたミサイルが、海面すれすれを時速1000kmで飛んできて、標的に当たる直前にはね上がり、そのまま落ちてきて爆発破壊する。このミサイルを開発したのは、エミール・ストフというフランス人技術者で、ヒゲですんぐりと太った冴えない小男で、6人の子供の父親である。
フォークランドで初めて実戦で使用されて威力が実証されたエグゾセは、世界中から注目され、値段は1発20万ドルから100万ドルに高騰した。
こうして戦争は、6月15日、ガルチエリ大統領が敗戦を認めるまで続いた。
イギリス軍は東島の北のサンカルロスに上陸し、身を隠す森もない荒地を100kmも先の

首都スタンリーまで攻めていった。海戦、空中戦、艦砲射撃はもちろん、アルゼンチン軍との塹壕での戦い、地上戦でナイフや銃剣で殺し合う白兵戦もあった。

アルゼンチンのラテン気質と、イギリスのジョンブル精神との戦いだった。

アルゼンチン側の死者650名、英軍死者255名。負傷者は1657名と775名。死者数に対して負傷者が少ないのは、負傷し動けなくなった相手兵士を、憎しみにかられて殺した者が多かったからだ。死体損傷もあった。生き残った兵士も後に数百名が自殺したり、戦争神経症 PTSD に悩まされることになる。イギリス兵はプロの職業軍人、アルゼンチン兵の3分の1は十代の新米の兵士だった。

この戦争でアルゼンチンが負けた原因は、見通しと作戦の甘さがある。まさかイギリスが開戦するとは思わなかったし、入手した武器の問題で不発弾が多かったこともある。相互条約で味方のはずのアメリカが、条約を無視してまさかのイギリス側についたし、世界世論、特に日露戦争の時にアルゼンチンが恩を売った日本まで、イギリス支持に回ったのだった。

「日露戦争で、アルゼンチンが日本と関係あるんですか？」

と、ヒロ君が言った。

「戦艦が足りなかった明治政府に、アルゼンチンがイタリアに発注していた巡洋艦2隻を日本に譲ったんです。まあ昔のことをよく覚えているものですね」

戦争に負けたことでガルチエリは政権を追われ、クーデタから続いたアルゼンチンの軍政も終わりを告げた。ガルチエリは、この戦争のあと20年間生き、74歳で他界した。

イギリスが勝てたのは、アメリカが支持に回って武器や衛星情報の提供を受けたこと、垂直離陸のできるハリアー戦闘機があったこと、それに運が良かったこと、がある。そもそもイギリス国防相は勝てると思ってなかったし、通常、守る敵を攻める時、攻める側の戦力は守る側の3倍は必要というが、攻めるイギリス軍はしばしば相手戦力の何分の1しかなかった。

戦勝後、イギリスではサッチャー首相が支持率を80％にまで伸ばしたが、忘れっぽいイギリス人の支持率はまたすぐに下がった。その後サッチャーは、事業民営化などで政治家としての業績を伸ばし、1990年まで政権にいて、戦争の31年後、2013年に88歳で亡くなった。

ボクたちは、ヘリコプターの墜落した残骸の残るケント山や、スタンリーを取り巻く丘など戦場を見て回った。カメラマンのヒロ君は、写真は撮るものの始終無口だった。40年前のこ

ととはいえ、現場に来てみるとまだ湯気が立っているような戦争の臨場感があった。

メリーさんに話を聞く

ボクたちは、イギリス軍がサンカルロから上陸して最初に解放した村グースグリーンに行った。スタンリーから110kmの距離で、数軒の農家と一軒のカフェだけの海に面した村である。たまたま近くを通りかかった羊牧を営む現地の人と話をすることができた。

「すいません、40年前の戦争のこと教えてください」

メリーさんは5世代前からフォークランドに住んでいる65歳の夫人である。戦争当時のことを話してくれた。

「そりゃ怖かったです。アルゼンチンが島を占領にきてから、銃口を向けられながら暮らすのは、本当に不安で嫌だったわ。その日から車は右側通行になるし、村の子供たちは学校でスペイン語を習うよう強制されたんです。店の人はアルゼンチンの兵隊からペソを受け取るとその度に手を消毒してたわ」

「でもアルゼンチンの兵士もかわいそうなところがありました。食料が無いのかみんなお腹を空かしていて、食べ物を盗んでいく兵隊もいました。私が若い兵隊さんにビスケットと熱い紅茶をあげたら、涙を流さんばかりに喜んでいたわ」

「あんなにして鉄砲を持ってこなくても良かったのにと思います。島はアルゼンチンに近いし、アルゼンチン人もたくさんいたし、決して関係が悪かったわけではないの。そりゃ私だって、先祖様がイギリスから来たからイギリス人としての誇りはあったけど、何よりちゃんとした生活ができれば、国のことを毎日考えるわけではありませんからね」

当時住んでいた1800人ほどのイギリス系島民はイギリス本国から島民は＜ケルパー＞（昆布採り）と呼ばれて、ちょっと下に見られたところがあったのだ。現に当時の雑誌には、『ケルパーは身体は頑丈だが新進気鋭の気迫に薄く保守的である』と書かれている。

「私たちはイギリス人と言っても、イギリス本国に行くのにビザがいるし、6ヶ月しか滞在できないの。島にはちゃんとした本国並みの社会保障やインフラ基盤もなくて、2級国民だったんです。まあ、戦争が終わってからビザも要らなくなったし、軍の基地もできましたけどね」

大多数の島民はイギリスが勝ったのを喜んだけれど、この戦争の後、ブエノスアイレスに行ってアルゼンチン国籍を申請したイギリス系島民も数人いた。なぜそうするのかと聞かれた島民は、『島が退屈すぎるから』と答えた。

ボクたちのフォークランドの滞在は、あっと言う間の1週間だった。島で何をしようか、と心

配していたのが嘘のようだ。島の1週間は、東京の雑踏から離れた異次元の時間だった。来た時と逆に、ボクたちはマウントプレザンの基地からLATAMに乗り、チリのプンタアレナスで降りると、原住民の足が黄金いろに光っている銅像を見た後、ブエノスアイレス行きの飛行機に乗った。

アルゼンチンのマルビナス戦争

「久しぶりですねー　ブエノスアイレス」

「ヒロ君、泥棒には気をつけて」

ボクは以前、この街で暴漢に襲われ腕時計をむしり取られたことがあり、あまりブエノスアイレスのことは好きではない。しかし、カニミート地区の観光客の賑わいやドレーゴ広場の骨董など見ていると、やはり旅先の開放感を感じる。

そのブエノスアイレスの町にも戦争に関係するものがいくつかある。

鉄道駅の近く、ボクたちが泊まったシェラトンホテルの窓から、ロスイングレスタワーという大きな時計塔が目の前に見える。下の部分は石作りで、その上4階分はレンガ、その上に直径5.5mの文字盤の大時計がある。アルゼンチン独立100年を記念してイギリスが贈った時計塔だ。時刻が来るとロンドンのビッグベンと同じ音で鳴るという。しかしマルビナス戦争（フォークランド戦争のこと）が起きた時には、愛国心に燃えた人々が、『イギリス憎し』とばかりに時計塔を破壊しにかかったのだった。ビッグベンと同じ音はしていないものの、今も時計塔は立っているし、時計も動いていて時刻を指している。

またその塔の反対側のサンマルティン広場には、マルビナス島の形と戦争で亡くなった兵士の名前が彫られた慰霊碑がある。ボクたちが行った時には、兵士の名前を刻んだ石板の前で、2人の兵士が銃を立てて直立不動で立っていた。

30代後半の若者の男が7人、その兵士をバックに記念写真を撮っている。

若者たちに、試しに戦争について聞いてみた。

「マルビナス戦争についてどう思いますか？」

最初口ごもっていたものの、1人が口を開いた。

「イギリスは間違っている。我々の島にイギリス人がいるのは許せない」

「でももう昔のことだから、喧嘩しても仕方ない」

「彼らはアルゼンチンをばかにしている、戦争で死んだ兵士を忘れてはいけない」

さすがラテン系と思わせる熱い議論が始まりそうであったが、アルゼンチンの人々がこの

戦争に負けたことを、戦争を知らない若者でさえ、いまだに悔しく感情的に消化しきれていないのがわかった。

タクシーで街中を走っていても、マルビナス島の地図の書かれたモニュメントを何箇所かで見たし、郊外に行くと＜パルケメモリア＞という軍事政権の犠牲になった人々の名前の刻まれた石版のある公園があった。
1976年の軍のクーデタから始まった軍事政権は、1983年マルビナス戦争に負けたことで民主化された。その間、軍政府に反対する人の逮捕・拷問で3万人の人々が殺された。
その名前が石に刻まれて、このメモリア公園の坂道に何十枚もはめ込んである。
1976年の最初の石版の犠牲者の名前と年齢。
「ベッロ・アドルフォ・ラモン　22歳、ブランコ・ルイス・ノルベルト　15歳、カブラル・ホアン・ホセ　21歳　──　、」
ヒロ君が読み上げる名前のひとつひとつが生きた人間で、親がいたり恋人がいたりした若者だったと思うとやり切れなくなる。
思わずボクがつぶやく。
「国によって殺された人もいるし、国を守ろうと死んでいった人もいるんですねー」
「軍事政権の国に対する愛国心って、何なんですかね？」
「愛国心というのは、自発的本能的なものではなく、為政者の都合で吹き込まれた意識ではないのかな？　国は愛さなければならない、国を守るために命も投げなければならないという教育は全て為政者の都合です。そもそも国という概念自体ウェストファリア以降に作られたものです。」
ガルチエリもサッチャーも、たくさんの人を死に追いやっていながら、長生きして尊敬さえされている。彼らの一言で死んでいった兵士たちの人生は何だったのだろう？
「国なんて、すべて概念上の虚構というわけですか？」
「戦争は虚しいですね」
ヒロ君はしみじみと言ったのだった。

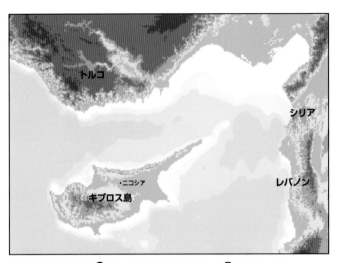

キプロス島
Cyprus

キプロス島は、地中海東部に位置するキプロス共和国に属する。首都が置かれたニコシアを
緩衝地帯とし島の北 (トルコ) と南 (ギリシャ) が分断されている状態である。

島データ

首都：ニコシア　面積：９，２５１平方キロメートル (四国の１／２)　人口：１２８万人

公用語：ギリシャ語、トルコ語　通貨：ユーロ、トルコリラ　時差：−６時間

行き方：(飛行機 ✈) 羽田空港発～イスタンブール空港 (トルコ) 経由～ベイルート空港着 (レ
バノン)　約１７時間 ➡ (飛行機 ✈) ベイルート空港発～ラルナカ航空着 (キプロス)　約
５０分　現地の移動：(車 🚙)

文◎　船越 真衣

キプロスの休日

キプロスは地中海の島である。リゾート地として有名なこの島は、穏やかな気候と風光明媚なことでも知られている。地中海の東の方にあって、レバノンやシリアがすぐそこにあり、北はトルコ、南はエジプト。地の利を得て古くから交易で栄え、島には古いギリシャ・ローマ遺跡もたくさんある。

中東にいた私とカメラマンのヒロくんは、ヒズボラの指導者の親戚だと言いはるポールという怪しげな男性と一緒にレバノンとシリアの国境に行ったのだが、そこで大変な目にあった。まあその時の命がけの冷や汗体験は別の機会に報告することにして、神経をすり減らし消耗した私達は、レバノンから飛行機でわずか50分のキプロス島に旅の疲れを癒そうと降り立ったのだった。

「このもわっとした感じがいいですね」
ヒロくんが言った。確かに飛行機を降りた瞬間に感じるキプロスの温度と湿度は、レバノンの排ガスとアクセントの強いアラブ語の響く空気と違って、体を包み込む安心感があった。飛行機から降りてくる乗客は、いかにもキプロス現地人といった感じの日に焼けたギリシャ人風の人と、白い肌に洗い立てのポロシャツを着た短パン姿の西ヨーロッパ人、これぞ中東というヒゲの濃いマッチョな男性、エキゾチックな顔つきのスカーフをかぶった女性を連れた中流アラブ人など国際色が豊かである。東洋人は私達2人だけで、中華系も朝鮮半島系もいない。

タクシーを探すと、空港からラルナカの街の中心地までで＜20ユーロ＞と言われた。キプロスはEUに加盟していて、通貨もユーロである。距離にして6-7kmしかないのに少し高い。
「高いなあ。近いんだから15ユーロにして」
「近くても遠くても、街まで20ユーロだ！」
いかにも客慣れした感じのタクシー運転手が言った。
「キプロスは金持ちヨーロッパ人のバカンス地なんですね」
仕方ない、、
20ユーロ払って私達はタクシーに乗り込んだ。

ラルナカはバカンスの街
ラルナカの街は、首都のニコシアに次いで2番目に大きい街である。地中海の海岸に沿って道路が走り、海に面したビルはガラス張りや白いテラスのおしゃれな建物が並んでいる。しかし一歩裏に入ると、道は狭くて平屋や2-3階建のものが多かったり、窓ガラスがなくて、

ドアも木で打ち付けられたままの無人の家もある。

今回の私達のホテルは、レオナルドブティックホテル。プールとフィットネスがついている近代的なホテルだ。
「よし！　ちょっと泳いで、日に焼いてきます」
ヒロくんがホテルのプールに行くと、女性3人がヒロくんに声を掛けた。
「ハイ！　あなたどこから来たの？」
ヒロくんが日本から来たというと、いきなり彼女達はヒロくんに質問攻めだ。
「日本って神秘の国よね。日本の道路には信号機がないって本当？」
信号機の無い国といえばブータンだが、もちろん日本は信号だらけ。彼女達は、日本人の運転する車がお互いに譲り合って、事故のない、信号機もない不思議な東洋の国を想像していたらしい。
「日本に信号はいっぱいあるのよ。あなた達はどこから来たの？」
「US、アメリカよ」
しかし、しばらく泳いだり日に当たったり一緒に時間を過ごしているうちに、彼女は言った。
「本当はイスラエル。イスラエルから来たというと嫌がる人がいるでしょ。私の名前はキャサリン。19歳よ」
なるほど、中東はアラブとイスラエルの紛争が絶えないし、レバノンでもイスラエル人は嫌われている。イスラエルに行った旅行者はレバノンに入れない。彼女達は、こちらが日本人だからあまり関係ないと思って本当のことを言ってくれたようである。

実は、平和そうなキプロスも、50年間以上ギリシャ人とトルコ人が争って、1974年にはトルコが軍事介入して死者も多数出している。今も島の北半分がトルコ系キプロス、南がギリシャ系キプロスとなり、実質的に島は二つの国に分かれてしまった。北と南では、言葉もギリシャ語とトルコ語、通貨もユーロとトルコリラ、宗教はギリシャ正教とイスラム教で、民族も文化も違ったものになっている。南キプロスはトルコ以外世界中の国に承認されてリゾート地としても栄えているけれど北キプロスは世界中でトルコしか国家承認していない。
＜なるほど、、民族問題は根が深い。。こんなに平和な地中海の島が、民族紛争で血が流れた過去があったのか。。＞
「でも、キミが19歳とは若いねえ。もうすっかり大人かと思った。で、ボクは何歳に見える？」
「ええと、35歳くらいかしら？」
「その通り！　よくわかったね」
50歳すぎのヒロくんは、一回り以上若く見られて大喜びだ。バカンス気分のうえ年齢も若く見られて、この調子でいつものナンパが始まりそうな勢いである。
「ウソはよくないね。でも東洋人は若く見られるから、本当の歳を言ったらまさに東洋の神

秘だね」
何を調子に乗ってるんだ、このおっさんは、、とは思ったがもちろん言えない。

夕ご飯は、海岸通りのカフェレストランに入った。ゆったりしたソファーが並べられて、海を渡ってくる風が心地よい。店の名前は＜ HIRATA ＞。
「あれっヒロくん、この店は＜平田さん＞がやっているのかな？
日本のメニューもありますよ」
見るとギリシャ料理とハンバーガーの後に、インペリアル寿司巻き、ジャパニーズ HIRATA バオブン。＜ポケボウル＞として照り焼きやスパイシーマグロなどが並んでいる。ヒロくんは照り焼きチキンと地元のビール KEO、私はタイ風グリーンカレー味のヌードルとキプロス産白グラスワインを頼んだ。なかなかおいしい料理と飲み物である。

給仕の店員は、アジア系の女性とロシア風の女性がいた。ヒロくんがさっそく声をかける。アジア人女性はネパールのポカラから来た出稼ぎ、そしてもう1人はウクライナから来たと言った。ロシア語のできるヒロくんは、ロシア語で女性の身元調査を開始した。
「きみは何故キプロスにいるの？」
「わたしは12年前にキプロスにバカンスに来て、この店のオーナーに声をかけられたの。今では結婚してこの島に住んでいるの」
「ではあなたの旦那さんは日本人ですね？」
「いいえ、キプロス人よ」
「？？」
何のことはない、地元の名前にも HIRATA さんが存在するようだ。バカンスに来ていた彼女は、キプロス人レストランオーナーにナンパされて結婚し、島に住み着いたのだ。メニューに和風の料理が並ぶのは、こんな遠く離れた島にも日本食ブームがあって、スシやテリヤキがあると売り上げが伸びるそうだ。
「うーむ、日本食おそるべし」
ラルナカの海岸は、遠浅の砂浜で泳ぐためには50m も沖に行かないと深くならない。砂の色が妙に黒くて波が立つと水が黒くなる。黒っぽい砂の目が細かくてサラサラ感がなく、身体にまとわりつくようなねっとりした粘土の感触がある。
海辺には白いプラスチックの寝そべる椅子と、パラソルがいっぱいに置かれ、ほぼ8割が埋まっていた。飛行機で見たようなヨーロッパ人とアラブ人の家族連れなど、また男性同士、女性同士のグループも結構いる。ギリシャ正教の影響かイスラムの習慣か、結婚前の男女は一緒に行動しないのだろう。子供たちは、キャーキャー言いながら水に浸かってボール遊びをしている。
私達も椅子を2脚確保すると、パラソルの下で少し日光浴をした。レバノンやシリアと緯度

NEW
JAPANESE HIRATA BAO BUNS
Hirata are traditional Japanese steamed buns, often known as BAO, these perfect pillows of soft dough are packed with fresh flavour

CRISPY ASIAN CHICKEN HIRATA ① ② ④ ⑤ ⑥ ⑧ ⑨   €10,5
Two soft steamed bao buns stuffed with Asian style crispy chicken, coleslaw, miso mayo, red cabbage, sweet chilli sauce, coriander leaves, black sesame.

SLOW COOKED BRAISED PULLED PORK HIRATA ① ② ④ ⑥ ⑧ ⑨   €11,5
Two soft steamed bao buns stuffed with slow-cooked pulled pork, caramelized onions, carrot, cucumber, coriander leaves, BBQ sauce, Japanese mayo, peanuts.

CRISPY PRAWNS HIRATA ① ② ④ ⑥ ⑧ ⑨ ⑩   €12,9
Two soft steamed bao buns stuffed with crispy tempura prawns, carrot, cucumber, onions, red cabbage, coriander leaves, sweet chilli sauce, Japanese mayo, peanuts.

...HARE YOUR EXPERIENCE
EACH DISH IS SERVED WHEN

...D CORN RIBS ④ ⑦ ⑨ ⑬ **V**   €6
...so butter, cajun spices, nori, toasted nori mayo, lime.

...PY SPRING ROLLS 4 pcs ⑤ ⑥ ⑧ ⑨ ⑪   €10
...th vegetables, mushrooms, glass noodles, served with crispy ...weed and sweet chilli sauce.

...IAN CHICKEN ANTICUCHOS 4 pcs ② ⑤ ⑥ ⑭   €12
... chicken thighs, miso mayo, coriander, soya sauce, lime, ...een.

GYOZA JAPANESE STYLE 5 pcs ⑥ ⑨
Homemade gyoza dumplings with aged beef topside and ging... served with Japanese gyoza sauce.

SHIITAKE & GOAT CHEESE RAVIOLI ① ② ⑥
Fresh handmade ravioli stuffed with shiitake mushrooms, cheese and basil. Served with creamy parmezan sauce, b... spinach, sage & basil oil.

CRAB, PRAWN & SALMON RAVIOLI* ① ② ⑥ ⑩
Ravioli stuffed with salmon, prawn & crab

は変わらないのに、太陽の強烈さはぜんぜん違うし、気温だって5－6度は高い。
「かんぱーい」
他にお酒を飲んでいる人などいないから、ひょっとして条例で禁止されているのかも、、と内心ヒヤヒヤしながらも、ヒロくんとビールを頂いたのであった。

海岸でゆっくり日焼けして、ホテルのプールでダラダラと泳ぎ、レストランで地元の料理や日本食を堪能し、聖ラザルス教会や要塞を観光して近所のローマ遺跡に行くと、日本人の悲しい習性のためか、もっと違うところに行きたくなる。ヨーロッパ人なら、2－3週間このようにのんびりと過ごしていても、どこにも行きたくないだろう。
4日目の朝、私達はラルナカから北の方にある首都ニコジアへ行き、さらにグリーンラインを超えて北キプロスに行くことにした。

北キプロス・トルコ共和国
ホテルのレセプションの女性に、北キプロスについて聞いてみた。
「グリーンラインを超えたら、トルコリラの両替所はありますか？　タクシーはすぐに見つかるものですか？」
「わたしはキプロスで25年間働いているけど、北側に行ったことがないから分かりません。でも、ニコシアまでのタクシーを手配しましょう」
英語のうまい有能そうな女性スタッフでも島の北半分のことには興味がないようだ。

ニコシアまで、タクシーの値段は60ユーロ。海辺のラルナカの街を出発してちょっと内陸に入ると、雨量が少ないのがわかる乾燥した風景になった。山に木は生えておらず、家もまばらにしかない。しかしニコシアに近づくとだんだんと都市の郊外の様相になり、意外と町の規模は大きいようだ。

ニコシアはキプロスの首都であるが、1974年のトルコ軍が島の北半分を占領してからは、南キプロスの首都であると同時に、北キプロスの首都でもある。町は真ん中の20mほどの幅のグリーンラインと呼ばれる緩衝地帯で分かれており、ラインの中にある建物は無人で軍が監視している。ラインには赤い看板が立っていて、銃を持った兵隊の絵とともに＜禁止区域＞と5ヶ国語で書かれている。写真撮影禁止のマークもある。グリーンラインには、6か所の検問所があり、今は旅行者でも問題なく通過できるが、以前は簡単には移動できなかったそうだ。
南キプロスの人に、グリーンラインのことを＜北キプロスとの国境＞と私が言うと、「あれはトルコに占領された占領地だ」と言い換えられた。特にトルコ軍が来た50年前を覚えている年代はシコリが強いのだと感じた。

私達は検問所に近いリドラス通りでタクシーを降りた。

この歩行者天国の通りは、上にワイヤーで陽よけテントが張ってあり、2－3階建てのビルにＨ＆Ｍやマクドナルドなど、西側のチェーン店が軒を並べている。ピカピカのガラスのショーウィンドウには商品があふれ、道を歩く人の物欲と購買欲を煽っている。マッサージやジム、健康関係の店があるのも目をひく。

通りをまっすぐ北上するとグリーンラインの検問所がある。検問所の窓口には、数人の西ヨーロッパ人がいてパスポートを差し出していた。

「ヒロくん、パスポートに北キプロスのハンコを押されるとギリシャに入れなくなるから、ハンコは別の紙にもらった方がいいですよ！」

昔からトルコと仲の悪いギリシャは、トルコの軍事侵攻を非難し北キプロスの占領を認めていない。北キプロスに行ったことのある観光客はトルコ側に違いない、ギリシャには入れてやらない、と言うわけだ。イランやキューバに行ったことのある観光客を拒否するアメリカみたいなものである。

ヒロくんは、ギリシャに運命的なものを感じており、今までに2回行ったことがある。

「3回目のギリシャは、きっと新婚旅行かも」

また始まった。。ヒロくんはギリシャに行かなくてはならないのだ。

しかし心配は無用、窓口の係は私達のパスポートをちらっと見て、スキャナーにかけて、＜ほれっ＞とばかりに返してくれた。無事通過である。こんな窓口が二度もあるのは、出国と入国の審査ということなのだろう。

他の国が承認していないとか、国連に加盟していないから＜未承認国家＞と言われるけれど、こんなに歴然とした境界があり、島半分の土地にトルコ系の住民が35万人も住んでいる。そして統治機関があり、暴力装置として警察やトルコの軍隊がいれば、どう見ても立派な＜国＞と言える。トルコに言わせれば、南キプロスこそ＜未承認国家＞なのだ。

「お金も違うし言葉も違えば、ちゃんとした別の国に見えますよね」

検問所を抜けると、いよいよトルコ側、北キプロスである。両側に偽ルイヴィトンやシャネルのバッグ、スポーツ服やスニーカーを売るような店が並び、両替所やレストランもあった。どこにでもある国境の街の雑多な風景であるが、南キプロス側に比べるとセンスがなく雑多に見える。

お昼をまわったところだし、私達は昼食のためレストランに入った。

＜ケバブハウス＞

なんともそのまんまな名前の食堂である。カルダモンやライム、グローブやクミンの匂いが辺り一面に漂っている。いかにも中東にきた感じがした。ヒロくんは羊の肉がダメなので、

牛のケバブとビールを注文した。パンは発酵していない平らな生地を焼いたもの。ビール
も持ってきた。イスラムの国とはいえ観光客にはアルコールを出すのだった。
料理の味は、、やっぱり期待しなかったし、してはいけないものなのだろう。

運転手バドワン君

タクシーを探すとすぐに見つかった。黒塗りのメルセデスベンツで、運転手は英語を話す
若い男だった。海岸の街キレニアまで60ユーロと言っていたのだが、彼の提案で、数カ
所の観光地を回った後、検問所の近くまで帰るコースを120ユーロで回ることにした。片
道で行ってもどうせ車は戻ってこなくてはならないから、スマートな提案だ。
「僕の名前はバドワン、大学で会計学と経営を学んでいます。24歳です。あなた方は日
本から来ましたか。私は日本が大好きです。トヨタ、ホンダ、マツダ、日本のスポーツカー
は最高です」
「でもこの車はドイツのベンツですね」
ヒロくんが突っ込むと、
「これはタクシー会社の車です。この夏卒業したら兵役に行き、その後自分のビジネスを
始めます。今はアルバイトでお金をためています」
若いのにしっかりしている。

キプロスの北と南の問題について聞いてみた。

「南キプロスについてどう思いますか？」
「私は南側に行ったことがありません。両親がトルコから来たので、南に入れないのです」
両親がキプロスで生まれていれば、その子供も南側に行けるのだが、両親がトルコから来
た子供は、南キプロスに行くことができないのだ。さっきまで私達が普通に見ていた検問
所の向こう側の通りを、バドワン君は歩くことができないのだ。ラルナカのガラス張りのショー
ウィンドウやホテル街も見られないし、南キプロスの若い娘と恋愛もできないということだ。
北朝鮮のように情報が完全に遮断されていれば、知らないものは存在しないだけであるが、
これだけテレビやインターネットで世界の風景や情報が手に入れば、自分だけそこに行け
ないというストレスは相当なものがあるだろう。特に若くて野心のある人にとっては。

私達は強烈な日差しの中、聖ヒラリオンのお城の廃墟に登り、ベラパイスの修道院を見て、
キレニアの港の要塞や町の様子を見て回った。町のスピーカーからアザーンの声が響い
ていたのが、いかにもイスラムの国に来たことを感じさせた。

統合への道？

島が完全に二分されたのは1974年で、何年かは治安の悪い状態が続いていたが、今では再統合の話も少しずつ進んでいると言う。＜外交の墓場＞と言われたキプロス問題もいつかは解決するのであろうか。

2004年には島の再統合について住民投票があった。北側の住民は統合賛成が多く、南側の住民は6割が反対だった。南側の人はトルコ軍に殺された人もいたから恨みもあるだろうし、今さら貧しい北側と一緒になっても、経済的な負担は増えるだけだ。南側の人のトルコへの恨みの反動は、そのままEUへの憧れ、西側への帰属意識を強めただけだった。本家トルコの国自体、長年EU加盟を望みながらEU側からじらされ続けてきた。EU加盟を望み続ける人と、独自路線を走るべきだとする人がいる。

「今や、トルコも無い物ねだりはやめて、あるものの中で幸せになる、という道を探らなくてはならないですね」
「あるものの中で幸せになる？　日本のパスポートがあれば世界中大抵どこでも行けるし、物に溢れる日本の量販店を見たら、日本人のそんな議論は一蹴されるよ」
ものの分かった風の私の物言いに、ヒロくんがピシャリと反論した。
関係のない外側の人が、満ち足りた立場から何を言っても説得力がないと言うことだ。

南キプロスの平和

ラルナカの街に戻ってきた。
あと数日間、私達は浜辺で中東旅行の疲れを癒すことになる。トルコ側キプロスを見た後で、南キプロスの自由さ派手さがさらに際立って見えた。

海岸の人出は、2－3日前より増えたような気がする。バカンスの時期の真っ最中なのだ。通過してきたパリでも街で見た旅行代理店のショーウインドウには、バカンス旅行の行き先としてマヨルカ島、カナリア島などとともにキプロスの浜辺と豪華なホテルの写真付きの宣伝が溢れていた。

私達は、ビーチにある椅子の場所代を払うと、一日中周りの人たちを見て過ごした。サンオイルの匂いが海を渡ってくる潮の匂いに混ざり、太陽の暖かさが包み込むように全身をおおう。
女性はトップレスの人はいないものの、細いビキニで体の表も裏もこんがりと焼いて、ひと夏の思い出を人生の1ページに焼き付けているのだ。カップルは、同じ場所で同じ時間を過ごすことで仲を深め、子連れの親は、子供達が親と過ごした喜びと驚きに満ちた一場面を一生の財産として記憶するのだろう。女性同士のグループは、若い女性も50代くらいの

女性グループも、同じ年くらいのよく似た2-3人組が多い。また男性のグループは一様に濃いヒゲと胸毛を生やした締まった身体の若者や、お腹の出た中年の人たちもいる。東洋人は見かけなかった。

「アイスクリームを買ってくるよ」

ヒロくんがアイスクリームを買いに行くと、バニラやチョコレート、ピスタチオにピーチ、いちごにレモン、20種類はあろうかというフレーバーを色とりどりに並べてあったそうだ。ビールだってキプロス地元のビール KEO や LION の他、カールスベルク、ハイネケンやメキシコのコロナビールもある。

「イスラム圏では外国旅行者の来るところではビールを売っているけど、普通のイスラム教徒はアルコールも豚肉も控えますよね？ それにここでは当たり前のように裸になっていますけれど、イスラム教では裸になれないんですね」

北キプロス・トルコ側の海岸では、日光浴をしている人は少なかったし、街を歩く人もスカーフを被り長袖で手首や足元まですっぽり隠す長い服を着ている。スカーフは首のところでマフラーのように巻いてある。

ラルナカの街を歩く人は、バレンシアガやルイヴィトンと書かれたブランド服を着て歩いている男性や、スケスケの網目で下に着ている水着が見える服を着た女性や、海から上がってきたのか水着だけで道を歩いている女性もいる。それを西側の自由の象徴と見る人もいるし、退廃の象徴として眉をひそめる人もいる。日本に生まれ育った私達には、当たり前の開放的な風景としか見ることができない。

エキゾチックなキプロスの強烈な太陽の下、私とヒロくんは、人生の貴重な数日間を共有したのだった。

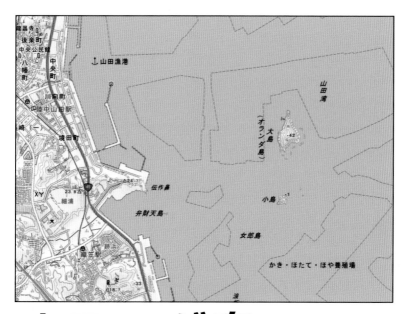

オランダ島
Oranda Islands

オランダ島とは、岩手県に属し、夏の間は東北唯一の無人島海水浴場となる。正式名称は「大島」。鎖国時代の１６４３年、外国人の入港は認められていなかったがオランダ船「ブレスケン号」が食料と水を補給するために訪れた際、地元の人達が友好的に迎えたことが縁で「オランダ島」と名づけられた。

島データ

面積：０.０２７平方キロメートル　人口：０人

行き方：（新幹線 ）東京駅発～盛岡駅着　２時間３０分➡（車 ）盛岡駅発～山田港　約１時間３０分➡（船 ）山田港～オランダ島　約１５分　現地の移動：(徒歩)

文◎　村山 眼蔵

216

オランダ島にオランダ人はいるか？

「『オランダ島』ってなんだかロマンチック。きっと素敵な所に違いないわ」
髪の長い美人秘書のトシちゃんが言った。

イワオカ編集長は、趣味の釣りと日本酒の飲み比べのために北海道に長期出張。
ボクとカメラマンのヒロ君は、編集長のいない希の樹出版社のむさ苦しい部屋で、トシちゃんと3人で打ち合わせをしていた。トシちゃんは今日はブルーの服で、1人空気に華を添えている。
トシちゃんはオランダ島がすっかり気に入って、島の説明を始めた。
「オランダ島は、1643年にオランダ船『ブレスケンス号』が食料と水を補給するために島に立ち寄ったことから名付けられました。周囲1Km弱、縦横250m×300mほどの小さな無人島で、東北で唯一の無人島の海水浴場があります」
「えっ？　無人島で泳ぐのっていいな」
ヒロ君が言った。ヒロ君はサーフィンやダイビングもやる、海の男なのだ。
「もう10月だし、泳ぐのはちょっと寒いよね。でも東北の秋の紅葉は綺麗だろうね」
と、ボクが言った。
「そうね、無人島というくらいだから地元民もいない小さな島のようだし、もし島のインパクトが弱いようだったら、東北の紅葉と温泉も外せないわね」
「いいですねぇ。秋の東北！」
ヒロ君も乗り気満々。
今回の男2人の旅は、流れに任せた気ままな旅行になりそうだ。

イワオカ編集長抜きで3人の1時間ほどのミーティング。あっけなく次の旅行のルートが決まった。青森からレンタカーで南下し奥入瀬・十和田湖の紅葉を堪能し、太平洋側に出て岩手県山田町にある＜オランダ島＞を訪問する。その後秋田の乳頭温泉を回るというコースだ。
もし、イワオカ編集長がいたらこれほど簡単に決まらなかったに違いない。同じオランダ島に行くとしても、江戸時代の鎖国や大航海時代の世界情勢、当時の農民の生活についてちゃんと調べていかなければ、イワオカ編集長の無言の圧力を感じていたところだ。
歴史に「イフ」はない。世の中早いモノ勝ち。賽は投げられた。
いざ東北、オランダ島に出発だ。

青森から蔦沼・奥入瀬へ

青森から南下する10月下旬の国道103号線沿いの木々は、標高が上がるに従って色づいていった。青森の街に近いところはまだ緑で、だんだんと登っていくと黄色や赤の葉っぱが目立つようになり、つづら折りの山道にかかる頃、見事な紅葉の山になった。平日だというのに山に向かう車の数は多い。みんな紅葉を見に行くのだろう。

「きれいですねー。毎年のことですけど、木の葉が色づくと、僕は何か人生の時の流れを感じます。寂寥感とも違う、忘れ物をしたような途方にくれた感じというか、、、」
と、ヒロ君が風景に見とれながら言った。
「紅葉を愛でる日本人の感情は特別ですね。カナダの紅葉はきれいだと言います。イタリアでもフランスでも紅葉はあります。世界の中で日本人が特別の感情で紅葉を見るのは、仏教の無常観から来ているとボクは思っています」
イタリアの葡萄畑の丘の紅葉、フランスのランブイエの森の紅葉の鮮やかさを思い出しながら、ボクは言った。
「時は移るし、人の命も永遠ではない、ということですか」
ヒロ君は、いつになくしんみりと言った。

トシちゃんがボクたちの旅行のために蔦沼について調べていたら、早朝に行くには予約がいるし、日中も混雑するので車ではなくバスで行くことを検討するように書かれていた。蔦沼は、早朝の光が森を照らし、鏡のような池の水面が映す上下二面の錦絵の写真で有名な、超人気スポットなのである。
ベレー帽を被ったおばさんや、三脚を持ってカメラマンチョッキを着たアマチュア写真家たちが、首から自慢の写真機を下げて押し寄せてくるのだった。
「どうします？　車を置いてバスで行きますか。それともこのまま出たとこ勝負で行ってみますか？」
「行ってみましょう！　『迷ったらひたすら行け』、とパスカルが言いました」
カメラマンのヒロ君からフランスの哲学者の言葉を聞くとは思わなかった。
「じゃそうしましょう」
ちょっとひるみながらボクが言った。

蔦沼の駐車場に着くと、係りの人に入場料2000円を払って、車もちゃんと停められた。その横では次から次に観光バスが到着して団体客が降りてきた。けっこう外国人客も多い。みんな蔦沼に行くのだった。
駐車場から数百メートル、団体の旅行者と一緒にぞろぞろと森の中の木製の遊歩道を歩いていく。歩道の終点、蔦沼に着いた。

「わあ！　すごい紅葉！！」と思ったらそうでもなくて、風があるのか池の水面は波が立って風景を映す鏡になっていないし、標高がまた下がったのか肝心の紅葉が進んでいない。
雲の流れが早くて、さっき晴れていたと思ったらすぐに曇って暗くなってしまった。
「人も多いし紅葉もまだだし、観光どころではないです」
「うむむ、蔦沼はもうひとつでしたね」
ボクとヒロ君はさっさと車に乗り込んだのだった。

次の目的地、奥入瀬の周辺もやはり人が多く、十和田湖から出る渓流はサラサラと流れているものの、暗い曇り空で紅葉にもまだ早かった。
おまけにちょっとした車の事故さえ起きてしまった。
車は多いし観光バスも狭い道を行き来して渋滞さえ起きている。やっと入れた渓流沿いの駐車スペースから出ようとしたボクたちの車の横に、近距離で入ってくる別の車があった。
「いててて！」
隣の車の男が降りてきた。車から降りようと、ドアを開けて足を地面に下ろしたところで、ボクたちの車が相手のドアに当たって、足が挟まれたと言うのだ。
見ると、その人の足は折れているわけでもなく普通に歩いている。車のドアに傷もついていないし、なんでもないではないか。
そこでボクたちは何時間もの時間を取られ、奥入瀬の紅葉見物どころではない。
やっと事を収めて、出発することができた時はすっかり夕方になっていた。
「怖いですね事故は。観光気分が台無しです」
「うむむ、奥入瀬ももうひとつでしたね」
ボクたちが盛岡の宿に着いたのは、もうとっぷりと日が暮れた頃だった。

オランダ島のある山田町
岩手県の太平洋岸のほぼ中央、浄土ヶ浜や宮古市から南に10km。「山田町」という日本のどこにでもありそうな名前の町がある。山田湾という太平洋の荒波から守られた湾の奥の、風光明媚な漁業の町である。オランダ島は山田湾の中、町から漁船で10分のところにある。静かな湾には大小二つの島があり、地図には大島・小島と書かれている。「オランダ島」とはこの大島のことだった。

ボクたちは、盛岡から花巻・遠野を通って釜石の海岸線に出た。リアス式海岸の一帯は、いうまでもなく2011年に三陸の津波で大被害を受けたところだ。
「見てください。すごい水門があります」
ヒロ君が指差す先には、水門だけではない、高さ十数メートルはあるコンクリートの壁が、海を目隠しをするように立っている。水門の横には神社のような鳥居がある。

釜石から山田町に向かう道が海に近づくたびに、海岸にコンクリートの壁がある。川が海に流れ込む河口には、真新しいコンクリートと鉄の巨大な水門が築かれていた。町や道から完全に海が見えなくなっている。海から離れて小高い丘に行かないと、太平洋が見えないのだ。パレスチナで見た分離壁を思い出した。

それは山田町についても同様だった。高さ十数メートルのコンクリートの壁が、海に向かって開けているはずの山田町を、きっぱりと海から切り離しているのだった。
「すごい壁ですね。刑務所みたいです」
「これでは観光客も来ないですね」
「でも、ボクたちは観光に来ています」
「物好きな＜特殊＞観光客しか来ませんね」

さて、朝11時、山田漁港でオランダ島まで連れて行ってくれる漁船との待ち合わせだ。無人島だし、夏ではないので海水浴客を運ぶ定期船もない。トシちゃんが船を手配してくれたのだった。
「こんにちは〜、今日のガイドです」
トシちゃんはガイドさんも手配してくれていた。さっそく説明が始まる。
「山田町は、昭和50年には26,000人の人がいましたが、震災後、人はどんどん減っています。」
ヒロ君が尋ねた。
「この島は、何故オランダ島と言われるのですか？」
「江戸時代にオランダの船が来て、水と食料を積んでいったからです」
「では、何世紀もオランダ島と呼ばれて地元の人に親しまれたんですね」
「いえ、オランダ島と名付けたのは1993年です」
「えっ？　町おこしですか？」
「そうです、町の観光協会が、観光客を呼ぶのにつけた名前です。これがその石碑です」
船着き場の近くに、まだ新しい黒い石に白い文字で、
『オランダ船ブレスケンス号1643年7月28日にここに入船す』
と書かれている。入港から350周年にちなんで、町おこしのために役所の誰かが『この島をオランダ島と呼ぶことにしよう』と発案したのだ。
『山田町の大島』というよりも、『東北のオランダ島』と言ったほうが、人の注意も引くし、何かありそうなロマンス感を出すことができる。ちなみに小島の方は＜女郎島＞である。

ガイドさんは構わず島を回り始める。島の周囲は一周しても900mほどである。船が着いたあたりは砂浜で、夏は海水浴場になる。しかしそこを外れると砂浜はなく、波打ち際に

黒い岩が置かれていて、その上を歩いて島を一周できるようになっている。
「島の岩は脆いので波で削られてボロボロ落ちてきます。岩は船で持ってきて島の周囲に
おいたものです。砂浜の黒いものは砂鉄です。このあたりは鉄の歴史があって、釜石の
製鉄所はその名残です」
「この貝はエゾタマガイに穴を開けられて、中身を吸い取られたものです」
「島では養殖もやっていて、あそこに見えるブイは手前がカキ、海の出口に近い方がホタ
テです。カキは冬場にホタテは通年出荷されます。出荷の前に貝毒の検査が行われます。
貝毒とは、毒性のあるプランクトンを吸い込んだ貝に毒が溜まるのです。カキは代謝が早
いのですが、ホタテには毒が溜まりやすいので注意が必要です」
「山田町はオランダのザイスト市と友好都市関係を結んでいて、オランダとの交流も活発で、
学校の英語の先生は今オランダ人がやっています」
「津波の引き潮の時、がれきにつかまってオランダ島まで流されてきて助かった人もいます。
沖に流されていたらダメだったでしょう」

ガイドというだけあって、色々なことを詳しく教えてくれた。
島をゆっくり歩いて一周すると30分ほどかかる。島に来る時は暑いほど日が照っていたの
に、今は曇って遠雷も鳴っている。遠くの山の方では、黒い雲から雨が降っているのがわ
かる。
「では戻りましょうか、雨が来そうです」
「ヒロ君、傘持ってきた?」
「いえ、持ってません」
いつもは雨具など用意周到に準備するボクも、まさか雨が降るとは思っていなかった。サ
ングラスとビーチサンダルは持ってきたものの、傘はない。
近くで雷が鳴って、ついに大粒の雨が降り始めた。屋根のない漁船で雨に打たれてびしょ
濡れになりながら、10分ほどで山田漁港に戻ってきた。
夏は海水浴客で賑わうというオランダ島。景色がきれいと言われて来たけれど、景色を味
わう暇もなく雨に降られてしまった。
ボクとヒロ君は、雨に濡れたつぶらな瞳を見合った。

コンクリート壁
翌日、ボクたちは否が応でも目に入るコンクリートの壁を間近に見に行った。
今度津波が来ても安全なようにと、町は高さ10mほどのコンクリート壁で海から仕切られ
ている。町から海は見えない。壁の向こう海側には岸に漁船が停泊しているほか、漁業
関係の建物がいくつか並んでいるだけで、人家も店もない。人が生活する色々な施設は
全て壁のこちら側にある。

オランダ船ブレスケンス号
1643年7月28日に
ここに入港す

昔の山田町の写真を見ると、隙間なく立ち並んだ民家が、海に向かって広がっている。かつて家のあった場所は、今は雑草が生えた更地で、民家や店はところどころにしか建っていない。

コンクリート壁を越えようとすると、ぐるっと回って壁が小高い丘で途切れる所まで伸びた道を回るか、壁の一部が切れた場所、厚さ2mはあろうかという鉄とコンクリートの巨大な開閉門を通るしかない。その門には、『注意！　津波発生の恐れのある場合、この陸閘は自動的に閉まります。』と書かれていた。

近くの空き地に、工事に使ったのだろう大型のブルドーザと大型のショベルカー数台が放置してある。何年も使っていない証拠に、機械としてはまだ新しい重機のキャタピラーもショベルの部分も赤錆におおわれている。

「コンクリート壁で景色が台無しですね」
「これで次の津波から完全に安全なのでしょうか？」
「ホテルのおじさんは、2011年の津波は30mあって、この防波堤は25mの津波を想定してると言ってました」
「えっ？　また＜想定外＞が起きたら意味ないですね」
「ボクたちは特殊観光客だから、こんな壁はない方がいいと思いますが、地元の人はどう思っているんですかね？」

近くを歩いているヘルメット姿の作業員に、壁について聞いて見たけれど、他県から働きに来ている人で、地元ではないという。

夕食のレストランで60歳代のおばちゃんに聞いてみた。
「防波壁がすごいですね。どう思います？」
「そりゃ津波は怖いです。でも壁のせいで海の様子が見えないので、返って怖いんです。遠くまで見えれば津波が来るのも見えますが、壁があるといきなり津波が来るわけですから、壁がある安心感よりその方が不安です。私の世代は海とともに育った世代です。若い人はどうか知りませんが、海が見えない生活は私は耐えられません」

次の津波がいつ来るか、今の科学では予想がつかない。
明治や昭和の津波、チリ地震の津波など、三陸海岸には100年間に2－3度の割合で津波が来ている。ということは次の津波は3－50年後にくる可能性がある。刑務所のようにコンクリートに囲まれて、津波が来るのが見えない恐怖心を持って何十年も生活するのは、いま流行の言い方をすれば、クオリティオブライフが低いのではないか。
ボクのような生来の放浪人であれば他所に移り住むところであるが、昔から何世代もこの町で暮らして来た大多数の人にとって、ここはかけがえのない故郷だ。コンクリートで固め

るより、もっと他の選択肢はなかったのか？いったい地元の人はどう考えているのか？

カラオケ
宿に帰ってそんな話をしていると、ヒロ君がいきなり言った。
「今夜は食堂の後ろにあったカラオケスナックに行きましょう」
「ええっ？　カラオケですか？」
「生の声を聞くには、地元の人が集まる場所に行くのが一番です。ちょっとお酒が入って、地元の人と建前ではない本音の会話ができるのはカラオケしかありません。カラオケです。カラオケに行きましょう！」
カラオケは、ボクはどうも苦手で自分から行こうと思ったことはない。
しかし、仕方ない、地元民の声を聞くために、、、。　それに、ヒロ君はカラオケが大好きで最近新しい歌の練習をしているとのことである。
「よし、では、今夜はカラオケにいきましょう」

ヒロ君が選んだカラオケスナックは山田町の駅の近くにあった。
被災地でカラオケ屋に行くのもどうかと思ったが、なんとも複雑な気持ちでスナックのドアを開けた。
「あら、いらっしゃい。女の子つけます？」
50歳過ぎのママさんらしきが、ボクたちを席に案内してくれた
「お願いします」
ヒロ君はためらいなく応答する。店の中のカウンターには常連客らしい5－6人の男女がいて、大声で話し笑い歌を歌っている、まさに地元密着のスナックだ。
聞いてみると、ママさんは50代で、ボクたちの横についた女の子というのが30代のコだと言う。

ここでは、サザンオールスターズの＜津波＞という曲はタブーなのだそうだ。
ヒロ君が素人離れした歌を披露した。それから、30代の女の子から2011年の強烈な受難の体験を聞くことができた。
「震災の後、5年間は海に入れませんでした。5年後わたしが初めて海に潜った時、海藻の陰からこちらを見つめている眼が見えてびっくりしました。5年も経てば亡くなった人もみんな白骨化するので、眼があるはずがないでしょうけど。2－3年前までそうした骨が見つかって、DNA鑑定して身元がわかったりしていました」
「いま町は壁で守られていますよね」
「でも今まで海がそこにあって、海と一緒に生きてきたのに、急に壁ができると言いようのない閉塞感があります。みんなそう言っています。それまでは海が目当ての観光のお客さ

んもよく来てましたが、壁ができてからは来なくなりました。仕事も減って、特に若い人の仕事がなくてみんな町を出て行きました。家を流された人に一軒500万円ほどの補助がでました。でも家を建てるのには足りないし、それで他所に移った人も多いのです。山田町の人口は震災前の3分の1になりました」
「30兆円の復興資金を、一軒に3000万円払えば100万世帯に配れます。そんな議論はありませんでしたか？」
「ありませんでした。国の方から貰えるものはもらって、あとは自分で頑張るしかない、と」
「復興景気があったのでは？」
「盛岡や仙台のキャバクラで働いていた友達がいますが、大変景気が良かったようです。復興関係者が大挙して遊びに来て、毎晩25万円のドンペリを開けて寿司とって、女の子たちもずいぶん恩恵に預かったようです」
「うちでも震災後2－3年は、壁や水門を作る人、家を作る人など、県外からたくさんの工事人が来ました。でもうちのカラオケ屋の料金は大したことないし、儲かったと言っても知れていますね」

山田町は、昔から穏やかな海と景勝で『海の十和田湖』と呼ばれてきた。漁業や養殖も盛んで、海とともに生きて来た町である。その海を遮断してコンクリートの壁を作る政策が、果たしてそこに住む最大多数の人々の利益になったのか？『美しい日本の風景』という言葉に、この壁はどうにも馴染まないではないか。
10年で30兆円以上の巨額資金のずさんで不明瞭な使いかた、建設業者と復興庁の癒着・利権。いまだに徴収され続ける2.1％の復興特別所得税など、議論の種は尽きない。
ボクたちはほんの数日間、通りすがりの旅行者の眼で町のうわべだけを見たに過ぎない。しかし、立ちそびえるコンクリートの威圧感と、放置されて赤錆だらけの重機の無残。そしてそこに住み続けなければならない人たちの率直な意見は、この旅行の印象となって残るだろう。

乳頭温泉、たっこの湯
山田町を後にしたボクたちは、最後の目的地、秋田の乳頭温泉に向かった。

乳頭温泉郷の駐車場のあたりで、すでに硫黄の匂いがプンプンとする。
黒湯温泉を横に見て、孫六温泉を通り過ぎ、さらに乳頭山登山道に入る。山中にある＜たっこの湯＞に行くのだ。屋根も壁もない自然の湯。

ここは、以前イワオカ編集長が近くに来た時、あちこち探し回ったけれど見つけることができなかった秘湯なのだ。トシちゃんは、その事をイワオカ編集長から聞いて知っていて、リ

ベンジとばかりに＜たっこの湯＞をボクたちの旅行コースに入れたのだった。

山腹のあちこちから硫黄の匂いのする温泉蒸気が上がっている。
「クマは大丈夫ですかね。今は冬眠前だから一生懸命エサ探しをしてますよね」
「まあ、食事したばかりのクマに会えるように、運を天に任せるしかないです」
クマ鈴を鳴らしながら、流れの中の岩を伝ったりして、渓流を遡る山道をひたすら登ってい
くと、途中小さな砂防ダムがあったり、川を横断するコンクリートの橋がかけてあったりする。
上流で標識もなくてちょっと道に迷ったけれど数十分歩いたあとボクたちは＜たっこの湯＞
にたどり着くことができた。

渓流のほとり、岩の陰から湯が沸いているのを、誰かが岩で囲いを作り湯をためて温泉
場にしてあるのだ。脱衣場もなければ廊下もない。ただ、山の中に湯が湧いている明快さ。
湯気の上がる白濁した湯の下は、白い粘土状の沈殿物でぬかっている。
裸になって湯に入ると、地熱の暖かさと泥のヌルヌルが毛穴にしみ入ってくる。硫黄の匂
いが体を包む。地球の体温と体臭を感じて自然との融合感。
渓流の流れる水の音のほかには、湯が噴出する微かな息使いしか聞こえない。
「極楽、極楽！」
「旅の疲れが吹っ飛びますね」

あれほど観光客が多かった奥入瀬や十和田湖と違い、ここにはボクたちのほか誰もいな
い。燃えるような紅葉の山を見ながら、ヒロ君と男2人で裸の時間。
自然は、大津波も起こせばこんな気持ちのいい湯も湧出させる。
ボクは思った。あのコンクリート壁は、自然と人間を分けるようとする分離壁なのだ、と。

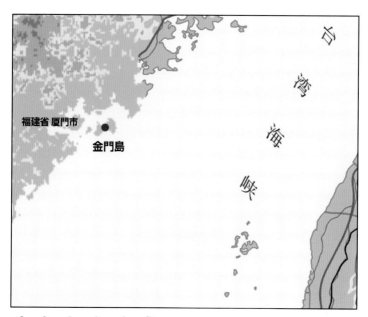

福建省 厦門市

金門島

台湾海峡

<ruby>金門島<rt>きんもんとう</rt></ruby>
Kinmen Islands

金門島（きんもんとう）は、中国大陸からわずか２キロメートルに位置するが、２００キロメートル離れた台湾に属し、大小１２の島からなる。戦争の跡が色濃く残り、砲弾の破片で作った包丁やナイフは島の名物土産にもなっている。

島データ

首都：台北　面積：１５１平方キロメートル（宮古島とほぼ同じ）　人口：１４万人　公用語：中国語、閩南語（びんなん）　通貨：台湾ドル　時差：−１時間

行き方：(飛行機 ✈) 羽田空港発〜台北松山空港着　４時間 ➡ (飛行機 ✈) 台北松山空港発〜金門空港着（金門島）　１時間　現地の移動：(車 🚗)

文◎　船越真衣

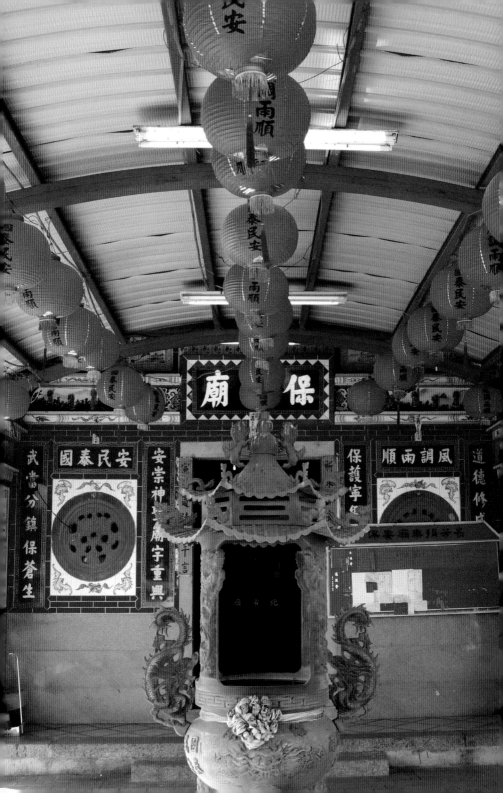

慌ただしい旅行の計画

なんの因果か、、

「来週、船越くんは金門島に行ってくれ」

岩岡編集長の鶴の一声、今度の旅行本のページの数合わせに、急遽決まったのが私の金門島行き。

「え、は？　そんな。急に言われても私にも予定が、、、」

しかし、天皇岩岡編集長は決めたら最後、後に引かなくて有名だ。岩岡編集長の命令の元、秘書のトシちゃんは『ごめんねまいちゃん』と言いながら、飛行機のチケットを手配し、ホテルも予約して私の旅行の準備をし始めた。

いやいや、待ってくれよ、こちらの返事はお構いなしかーい！とつっこもうとするも誰も聞く耳を持たない。

ライターの村山氏とカメラマンのヒロくんは、南洋パラオの旅行に行っており、今は日本にいない。私の予定もまあ無理すれば何とかやりくりできないでもない。仕方ない、今回は私1人の冒険旅行になるのか。え、でもなんでこんな時期に急に台湾に行かされるんだ？『岩岡編集長はいつも無茶苦茶だな、、、』

以前中国のアモイを散歩しているときに、友達の中国人に、『すぐそこに台湾の島があるよ』と言われて調べてみると、台湾本島は中国から200キロメートルも沖にあるのに、台湾が実質統治する島が、アモイの2キロメートル沖にあったのだった。それが金門島、そんな島に私が行くことになろうとは！

しかし、なんでここも台湾なの？

金門島はなぜ台湾なのか？

大東亜戦争が日本の敗北で終わった後も、中国では共産党の毛沢東と国民党の蒋介石が内戦を戦っていた。中国本土を掌握し始めた毛沢東は、蒋介石の軍隊を海に追い詰め、国民党は台湾に逃げざるを得なくなった。

本隊は台湾に逃げたものの、大陸からの追手を迎え撃つために、蒋介石は金門島に一部軍を残したのだった。

『こんな島は3日もあれば落としてみせる。その後は台湾本島に進軍だぁ！』

と中共解放軍は金門島に攻めてきた。

しかし迎え撃つ国民党軍には、根本博中将ら日本軍人顧問がいた。根本博中将と言えば、強姦略奪が当たり前の残虐なソビエト兵の侵攻から、蒙古に残留する日本人4万人を無事に日本に送り届けるという偉業を成し遂げた男だ。この大和魂を持つ根本中将、金門島で

も破竹の活躍をし、中共解放軍を打ち負かしたのだった。金門島が台湾なのは、日本人
も関係していたのか。

深夜・早朝の強行軍、金門島へ
秘書のトシちゃんからもらった旅程表を見て、またしても驚いた。
羽田空港を夜10時に出発して、台北桃園空港に深夜1時に到着。しかも到着した桃園か
ら松山空港にタクシーで移動しなくてはならない。朝5時半に松山空港から金門島行きの
飛行機に乗る。6時半に金門島に到着とある。
これじゃ寝ている時間がない！！
そして金門島に一泊して、翌日には同じルートを逆行して東京に戻ってこなければ、私の
20年来の友達の結婚式に間に合わない。
『ごめんねまいちゃん、ホテルだけはちょっと良い所にしたから、岩岡編集長には内緒ね』
トシちゃんはすまなそうにそう言ったのだった。
「ああ、この仕事、なんで受けちゃったんだろう、、」
この時点では旅の楽しみよりも後悔の方が大きいのだった。

金門島到着
早朝の金門空港からホテルまでタクシーで10分だった。車が横づけしたホテルは15階建
の豪華なホテル、Golden Lake Hotel だ。大理石のロビーに、高さ8mはあるクリスマスツリー
の光が反射している。
「いらっしゃいませ」
早朝だというのに、赤い制服を着て帽子をかぶった若いポーターが、笑顔でタクシーにか
け寄ってきて
「ようこそいらっしゃいました」
と日本語で話しかけてきた。長い旅路で疲れ切っていた私もようやく安堵の一息である。

豪華で広々とした大理石のロビー、高い天井までそびえるクリスマスツリー。地元で信仰
される道教の神様の木像やキラキラした金の神像がすっきりと飾ってある。ずらっと並ぶ
ウェディングドレス。ホテルにはプールにフィットネスジム、世界有数のブランドが入った
DFS まである。煌々と明かりがついて、誰も客がいないのにエスカレーターが静かに動い
ている。アジアで最大の免税店なのだそうだ。
「こんな僻地の島に、ここまで豪華な施設を造って大丈夫なの？」
少し心配になったものの、まあ余計なお世話か。私のホテルライフは快適そのものになり
そうである。

さて、部屋に入り荷物を解く時間もなく、今回の旅行の目的である金門島巡りをしなければならない。

レセプションでタクシーの手配を依頼した。

「午前中に2時間、島の観光ポイントを回って、それから昼食にします。昼食はゆっくりしたいので午後3時から午後の島巡りをお願いします。終わりは夕方5時までのタクシーでお願いします」

「では昼食までの2時間と、午後の別のタクシーの手配をします。4時間で1500台湾ドルです」

ホテルの前にタクシーが来た。女性運転手のトヨタの黄色いSUVで、車体に宣伝広告が書いてある。座席から見えるところに政府の許可番号と運転手の名前が書いてあった。『8022』名前はリーさん。今日はよろしくお願いします。

この時点では、ドライバーとしても申し分無く、応対もさわやかで好印象がもてた。

古寧頭村　壁に残る銃弾の跡

タクシー運転手が最初に連れて行ってくれたのは、古寧頭村だった。攻めてきた中共解放軍がこの村に立てこもった時に、大砲を打ち込んでしまえという国民党軍を抑えて、海岸方向に逃げ道を作り、海岸で中共軍を一網打尽にしたのは根本中将の功績。おかげで村人は生き残り、村は古い佇まいを残している。

村の家は屋根が特徴的で、両端がせり上がっていて赤い瓦が吹いてある。壁はレンガを積んだ上にセメントを塗ってさらに塗装したり壁画が描かれてあったりする。壁には所々穴があいていて、一目で銃弾の跡だとわかる。

「XX ● XX 這棟大樓牆上的洞是彈孔 X ● X」

リーさんはタクシーをほっぽり出して、私に中国語でガイドしてくれる。でも私の中国語は『ウォーアイニー』くらいだから、運転手が何を言っているのかさっぱり分からない。リーさんが壁の穴を指差して銃を構える格好をすれば、壁の穴は銃痕だとわかるけど、それ以上はチンプンカンプン（珍文漢文）だ。

村を観光する客にイギリスから来た家族連れがいた。英語のできる現地のガイドがついて由緒ある建物を指して英語で説明している。私がその説明を聞こうとすると、運転手が『こっちに来い』と私を別の建物に案内する。

「X ● X ■ 這座建築在金門島的歴史 X ● X ■」

『だから私は中国語が分からない、、』と言ってるのに。

巨大ホーンスピーカー、『北山放送壁』

次に行ったのは海岸に立つ四角いコンクリート、海に面した壁に48の穴が開いて、穴の中にホーンスピーカーが設置してある。1954年に作られ、箱の上には台湾の国旗がはためいている。このスピーカーの巨大音は対岸のアモイの町はもちろん、25km先まで届くのだそうだ。

海のすぐ向こう2km先にはアモイのビルが並んでいるのが見えている。双眼鏡をのぞけば車や歩く人が見える。大陸はほんの目と鼻の先なのだ。

両岸の心理戦の最前線。自由と民主主義の金門島と、共産制の一党独裁の中国。台湾は民主主義の宣伝を、この巨大スピーカーで対岸の住民に向けて放送していたのだ。日本でも人気だった国民的歌手テレサテンの歌を流したりもした。今でも時刻が来ると放送があるらしい。

共産主義の圧政にあえぐ対岸の住民たちも、ここで流れる大音量の名曲に、当時癒されていた！？

そんな妄想を膨らませている中、運転手はまだ横で何やら中国語をつぶやいているのであった。

海に刺さる杭　軌条砦　海岸の監視所

次に行ったのは、砂浜の辺り一面に杭が打ってある海岸だ。

中共軍の上陸を阻止すべく、上陸に適した砂浜の海岸に、海に向かって45度の角度で鉄の杭が何列にも数キロに渡って植えてあるのだ。鉄は真っ黒に錆びついて貝殻が付着したり、土台のコンクリートが露出して流されかけた杭もある。陸側にはコンクリートで固めた監視所がある。

1949年の金門島の戦いには一応国民党軍が勝利したが、今度いつ中共軍が攻めてくるか分からない。内戦が一段落した後も、1958年には大陸側から金門島に大量の砲弾が飛んできて死者が出たりした。金門島の戒厳令が解除されたのは1993年のことである。その緊迫した気配がいまだに残っている。

今では一応のアグリーメントが交わされて、砲弾が飛んでくる代わりに中国人の観光客がくるようになった。そうでなければ私だって、観光客気分でこの地に足を踏み入れることはできなかっただろう。でも中国の台湾統一路線は変わっていないから、この平和も束の間のものなのかもしれない。

そうそう。私の写真もどこかで「一枚撮って来い」との編集長のお達しだったので、道行く人にビーチで一枚撮ってもらった。向こう岸にうっすらと中国本土が見える！

恐怖の昼食

さて、そろそろ昼食の時刻だ。タクシー運転手のリーさんに地元のおいしいレストランを紹介してもらおう。

台湾料理は、福建料理に似ていて海鮮が美味しいと聞いている。

「どこか美味しいレストランに連れて行ってください」

運転手が持っていたスマホに日本語で話しかけると、グーグル翻訳されて中国語の漢字が出てくる。リーさんが私に聞いてくる。

「牛肉麺ですか？　海鮮料理がいいですか」

台湾の人はなぜか牛肉麺が好きだ。私のリクエストが通じたのかどうか不明だ。牛肉麺って、牛丼みたいなものなのでは？

「海鮮です」

「オーケーオーケー」

自信満々に運転するリーさん。町中のレストランでよかったのに、どんどん町から離れていく。左手に海に面したオシャレな感じのレストランが見えてきた。海鮮飯店と書いてある。

『ふむふむ、このレストランに行くのね。いい感じ』

だがしかし、ウインカーを出す音がして車は曲がったのだが、レストランのある海側ではなく、村のある右側に曲がるではないか。

「あれ？」

村のだいぶん奥まで行ったところで、ここだ、と運転手が車を停めた。村の狭い通りの一角で、『信源海産店』と書いてある。変哲も無い村の家が食堂もやってますという感じである。他に客もいない。

「えっ？　ここ？」

土間に入っていくと、丸い赤ペンキを塗ったテーブルの上に、にゅうめんを煮込んだような冷え切った鍋がひとつ置いてあって、蝿が舞っている。レンゲが刺してあるのだが、どう見ても猫のえさにしか見えない。私は一気に食欲をなくした。

食堂の人が、運転手の顔見知りなのか、3人も4人も奥から出てきて大声で運転手と話している。さっきの海岸の海鮮レストランに行きたいけど、道も分からない。

「さっきのオシャレなレストランに行きたい！」

と、なぜ言えなかったのだろうか。いつもなら絶対に言えるのに、旅の疲れからか断念してしまった。

仕方ない。運転手のスマホに、私は話しかけた。

「蒸した魚にします。炒めた野菜と、白いご飯」

私の希望をスマホが翻訳すると、食堂の面々が訳の分からないという顔で大声で話しており、なかなか納得しない様子。なんか変だと思ってスマホを見ると、日本語のところに『虫

た魚、痛めた野菜、Siri いご飯』と書かれているではないか。
翻訳の意味をなしておらず、とりあえずいろんなことを断念して、ご飯とした。

旅行の楽しみは、見慣れない風景と現地の人々との出会いであるが、それと同じくらい旅
先の食事と泊まった宿の良し悪しが、旅の印象を決めると言っても過言ではない。
弾丸ツアーの唯一の昼食がこれ？？　私の人生でもネガティブ印象に残る昼食だった。
運転手はちゃっかりと自分の昼食を食べ、私を待っている。タクシーの午後の仕事も自分
でやる気らしい。食事代は場所柄にしては随分高い、運転手の分も入れて780台湾ドル
を支払って、食堂を出た。

てきざんこうどう
翟山坑道、岩山の中のトンネル港

次に訪れたのは翟山坑道だった。金門島の南西部にあって、台湾軍が1966年に小型上
陸艇の基地として掘ったトンネルだ。今は観光地になっていて、駐車場に車を停めると、
広場に海軍の艦艇や高射砲が展示してある。洞窟の入り口の横には、観光客用なのか
黄色のヘルメットが何十も置いてある。しかし広々としたトンネルは頭を打ち付ける恐れも
なく、訪れた観光客は誰もヘルメットを使っていない。花崗岩の階段を数十段降りていくと、
海面と同じ高さになり海水が満ちている。全長357mの隠しトンネルはアルファベットのA
の形をしている。硬い石を掘りあげるのに3年の期間が必要だったという。
やはりこの島は中共軍と国民党軍の戦いの最前線なのか。中国アモイの街がすぐそこに
見えているのにここが台湾だというのは、中国にすれば許せない状況に違いない。いず
れは、やってくるのかな。

運転手のリーさんは、その後、私を戦史館や、小金門島の見える戦車や監視所のある海
岸に連れて行ってくれたが、戦史館は工事中だったし、海岸の戦車も観光客用に並べて
あるだけだった。
「町の中心に連れて行ってください。そこでタクシーの仕事は終わりで大丈夫です」
リーさんのスマホに話しかけると、今度は問題なく通じたようだった。町の中心、後浦地区
の模範街で下ろしてもらった。

模範街

やれやれ、やっと1人になれた。街をぶらぶらするのに言葉も通じないお付きの人がいたら、
気が散って仕方ない。

金門島は昔から人が住んでいる。6000年前の遺跡があるのでわかるように、台湾にな
る前から中国福建省と密接な人と文化の交流があった。自由主義も共産主義も単に考え

方の問題なので、台湾に渡った中国人も本土の人たちと同じ人種だ。よって金門島の町の雰囲気は中国である。そこに島としての雰囲気が混ざり、さらに近代の戦争や内戦の匂いが加味される。

模範街の上には台湾の国旗が何百枚もはためいている。以前台湾本島の田舎の方に行った時、街灯という街灯に何百枚何千枚の台湾国旗が掲げられていたのを思い出した。国としての求心力を上げようと愛国心を刺激しているのだ。日本だったら、お祭りの日でもこんな数の日章旗はない。
今でこそ台湾の旗しか見当たらないが、昔は、中国人観光客の歓心を買うために、台湾の旗の他に中国の旗も一緒にあげていたという。

両側に店が並ぶ通りを進んでいくと、服屋やお菓子屋の他に、ドラッグストアがある。軍人が使うような帽子や手袋・靴、緑のTシャツなども売られている。また、高級酒のお店や包丁のお店もある。
金門島の名物は、高リャン酒と金門包丁である。
高リャン酒はトウモロコシから作る蒸留酒。泡盛みたいなものでアルコール度数は60度になるものがある。これを料理に使うこともあって、高リャン酒の香りが食欲をそそる。高リャン酒を入れた料理は、なぜか『戦地』の名前が入る。ホテルのレストランでも『戦地焼きそば』や『戦地スープ』があった。
高リャン酒のお店で、ちょっと飲んで行けと勧められたけど、徹夜でやってきた弾丸ツアーと恐怖の昼食で疲れ果てた私の胃には、60度のアルコールは流石にしんどい。

通りを歩いていると、巨大な砲弾を店の前に飾った『金門包丁』の店も目につく。21年間にわたる中国との戦争で、47万発もの砲弾が大陸から打ち込まれたという。中に宣伝ビラを入れて打ち込まれた砲弾は、そのままの形で残っている。その鉄を材料に包丁にして観光客に売っているのだ。中華式のナタのような包丁や三徳包丁の形のものもある。1発の砲弾で50−60丁の包丁が作れるという。まだこれから先何十年分の資源として砲弾が埋まっているらしい。中国からの攻撃に使われた砲弾を加工して中国人観光客に売りつけるとは、なかなかたくましいではないか。

水頭港のフェリー
すっかり日も暮れてきたけれど、最後に、中国アモイまで30分というフェリーボードの乗り場に行ってみた。
金城停留所から、7Aのバスに乗って15分ほどで、水頭港に着いた。
2001年からアモイと金門島を結ぶ船が出ているのだ。

しばらく待っていると、午後6時着、最後のアモイからの船が着いて、スーツケースや段ボール箱を持った旅行客が降りてきた。若い観光客風の人も多い中、かなり大きな荷物を抱えた人もいる。税関のようなデスクがあり、後戻りできない自動ドアを出るとインフォメーションセンターがあり、見る限り普通の国境の町の港である。中国と台湾という実質的な2つの国が、中国は統一しようとし、台湾はそれを阻止しようとして緊張を高めている。しかし、中国まで2kmというこの島に住む人たちは、毎日をたくましく生きていくしかないのだ。

ホテルの夕食、最後の晩餐

長い1日だった。昨日から全然眠る時間がなくて、タクシーの中でちょっとうとうとする程度だった。早めにホテルに帰ってゆっくりしたい。

夕食はホテルのレストランで摂ることにした。
高級ホテルのレストランだからまず間違いない。
二百席もある中華料理のレストランなのに、お客は10人ほどもいない。給仕する人の方が多いくらいだ。英語と日本語のメニューがあった。
「えっと、海鮮のスープと豚の角煮の欣葉滷肉、えびのパイナップル和えの鳳梨蝦球、ワタリガニの炊き込みご飯 紅蟳米糕、それと茹でた青梗菜ください」
若い女給仕は、ちょっと1人で食べるには多すぎるようだ、と言った。中華料理に1人でいくといつもこの問題がある。一皿の分量が多すぎるのだ。3-4人で一緒に食べてちょうど良い量にしてある。こんな時こそ大食いのヒロくんがいてくれたら、、、。
「えっ？ 1人じゃ食べきれない？ じゃあ豚の角煮はやめて、ワタリガニのご飯もやめてカラスミ入りのチャーハンにします」
高級ホテルのレストランの料理は申し分なかった。昼の分も取り返す勢いで、1人食欲に走った私であった。

大理石の風呂でゆっくりと旅の疲れを癒し、満ち足りた夕食の余韻を楽しんだ。
台湾と日本の間には1時間の時差があるから、台湾の夜11時は日本の0時にあたる。長かった1日を思い起こしながらふかふかのベッドに入った。
『おやすみ～』ベットに吸い込まれるように安らかな眠りに就いたのであった。
明日はまた飛行機を乗り継いで、帰路の旅路である。
今回もいろいろあったけれど、まあ大きな問題もなくホッとした。
「次の旅は、僻地だとしても、流石にヨーロッパとかリゾート地とか
少しはテンションの上がる場所であってほしいなあ」
と叶わなさそうな願いをここに一応記しておこうと思う。
『編集長よ、直接は言えないからここから私の願いを聞いてくれーい！笑』

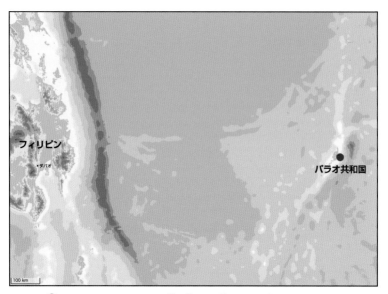

パラオ共和国
Republic of Palau

パラオは、大小様々な島々から構成され、日本のほぼ真南の温暖な場所に位置する世界有数のダビングスポットである。古代のサンゴ礁が隆起してできた石灰岩の島々で、その光景は「ロックアイランド群と南ラグーン」として世界遺産に登録されている。

島データ

首都：マルキョク　面積：４８８平方キロメートル(屋久島とほぼ同じ)　人口：１８，０００人　公用語：パラオ語、英語、日本語　通貨：アメリカドル　時差：０時間

行き方：(飛行機🛫)成田空港発〜台北桃園国際空港　４時間１０分➡台北桃園空港発〜パラオ国際空港着（パラオ）　約３時間２０分　現地の移動：(車🚙)

文◎　村山 眼蔵

ミクロネシアにある親日国

「パラオ」は漢字で「帛琉」と書く。米・英・伊が、アメリカやイギリス、イタリアのことを指すように「帛」とはパラオのことである。

日本からほぼ真南に3200Km、フィリッピンのダバオから東の方向に1000Km。面積は屋久島くらいの大きさで、人口は18000人ほど。パラオに漢字が似合うのは、今でこそパラオ共和国という国になっているが、かつては日本が統治していた「帛琉」だったからである。

パラオ到着

台湾の桃園空港から3時間20分でパラオに到着。島に近づくとあいにくの曇り空で、真っ青な海と青い空ではなかったものの、サンゴ礁の内側は明らかに外海と色が違って明るい緑がかった塗料を流したような蛍光色の青で、南の島に来たのだという実感が湧いてきた。

パラオ国際空港には、ボクたちが乗ってきた飛行機Ａ321 一機しかいなくて閑散としていた。空港の建物は中央に合掌作りのように巨大な屋根が盛り上がって、「パラオ国際空港」とアルファベットで書いてある。

飛行機を出て空港に入る通路も、格子がはめてあるだけで窓ガラスが入っていない。折から温かくも心地よい風の中に何か花の芳香が感じられて、はるばる日本から来たボクとカメラマンのヒロ君を歓迎してくれたのだった。すでに短パンとＴシャツで身軽になったヒロ君が言った。

「いいですねー、南洋のバカンス！」

「うん、今回のテーマは、パラオの人がいかに親日的であるかをみるという、楽チンの旅行テーマだしね」

かつて日本が統治したパラオは、日系の人も多いし日本の遺物も多く、世界一の親日国と言われているのだ。空港の建物も日章旗のついた看板がかかっていて、2003年に日本が作ったものである。

さて、空港からコロールという街のホテルまで行くのに、タクシーを探したのだけれど、どこを探してもタクシーが見当たらない。情報を得ようと観光案内所に行くと、窓口には灰色のポロシャツを着たサザエさんに似たおばさんが1人でいるだけだった。

「すいません、パラオの観光地図ください」

「ごめんなさいね、地図はありません」

「タクシーはどこから乗ればいいんでしょうか？」

「ごめんなさいね、タクシーはありません」

「んんん？」

南の島ならではの、あまり役に立たない観光案内所だった。

結局ボクたちは、他のお客さんを迎えにホテルの車が来ていたのでそれに同乗して、事なきを得たのだった。ホテルがあるのはコロール島で、空港があるバベルダオブ島から橋を渡ってコロール島に行く。この橋は日本政府が無償で建設した、＜日本パラオ友好橋＞である。

ボクたちの泊まるホテルは、パラオ随一の街コロールにある台湾系のホテルで、建物に漢字で「帛琉大飯店」と書かれていた。台湾人の観光客が多いのだろう。

ホテルのすぐ前の道が街のメイン道路なのだが、夕方になっても歩く人はほとんどいない。

「こんなに暑かったら歩く気になりませんよね」

「そう言えば、ジョギングしている人は1人もいませんね」

「みんな車で移動しているみたいです。今夜のレストランも迎えの車が来るみたいです」

「パラオの人はみんな立派な体格ですね」

「言い方を変えれば肥満という事ですか」

「みんな、ダルマか起き上がり小法師みたいです」

後でわかったのだけれど、主にアメリカ、そして日本・台湾の援助でパラオ国の財政が成り立っていて、通貨もアメリカドルだし肉やその他食料もほとんどをアメリカや日本からの輸入に頼り、車を使って歩かない生活で、人々はアメリカ並みの肥満率なのだった。

パラオの歴史

今でこそ、世界一の親日国、ダイビングの聖地、南洋の楽園と言われ、日本や台湾からの旅行客で潤っているパラオであるが、過去には世界の大国に翻弄された歴史があった。ちょっとパラオの歴史を見てみよう。

19世紀、パラオも他の近隣の島国と同様にスペインの領土であったが、国が衰退したスペインはドイツに1675万マルクで売却し、パラオはドイツの植民地になった。パラオを住民丸ごと商品のように売り買いする感覚は一体なんなのだろう？

ドイツは、最初ココヤシの実を乾燥させたコプラに目をつけ、椰子の木の植林などを行った。その後アンガウル島にもっと利益になるリン鉱石が発見されると、現地人を強制的に働かせたり、搾取オンリーの植民地政策を行い、パラオ人の反感を買った。

そうこうしているうちに、第一次界大戦で負けたドイツから、今度は日本が委任統治することになった。日本のパラオ統治は、台湾・朝鮮と同じかなり大きな規模の南洋庁を設け、現地に道路をはじめ学校・病院インフラを整備し、同化政策を取ったのだった。現地人も学校で教育を施し、道路は舗装され立派な建物が次々と建てられていったのだった。＜南洋＞というロマンチックな響きに憧れて日本から移住する者も多く、貿易産業も発達し、コロールの街は栄えて一時期日本人の数は10万人にもなったという。料理屋ができ旅館ができ、女郎屋や遊興施設まであったというから、その賑わいぶりが想像できる。

そして日本の敗戦。第二次大戦後はアメリカの統治に移り、アメリカは金は出すがすべて
＜自分で自由にやれ＞という政策をとった。いわゆる＜動物園政策＞だ。パラオの原住
民は食器も使わず服も着ない、毛布もなければラジオや靴もないという南洋の土人のよう
に思っていたという。

アメリカから＜自由と金＞を得たパラオ人は、働くよりも酒を飲んで楽に暮らす生活を選ん
だ。かつての勤勉と労働のよろこびを教えた、しかし酒だけは飲めなかった日本の統治時
代を懐かしむ老人が多いという。

アンガウル島

翌日、ボクたちはアンガウル島を訪問した。パラオは200もの島のある島国だが、アンガ
ウル島は今いるコロール島から南南西に60Kmほど離れている。大戦中は、リン鉱石が
とれ日本の守備隊もいて、アメリカ軍が攻めてきた島のひとつである。波が激しい海域が
あり小型の船で行きにくいので、イワオカ編集長の秘書トシちゃんは、日本からセスナ機
をチャーターしてくれていた。
台湾から着いたのと同じ空港からセスナ機に乗り込む。
「あれっ、この飛行機、ドアがないですよ」
飛行機が動き始める前にドアを閉めるのかと思ったら、もともとドアがついていなかった。
ヒロ君はカメラを空中にかざして、窓越しでない空中写真が撮れて大満足だった。しかしア
ンガウル島の滑走路は舗装もしていないので、水たまりがあるたびに、容赦ない水しぶき
が後ろの席にいたボクめがけて飛び込んでくる。
島の空港に着くと、壁もない青いペンキ屋根だけの空港の小屋には、＜ウエルカム、アン
ガウル国際空港＞と英語で書かれている。滑走路の舗装さえされていない、何が国際空
港なのだろう？　パラオの他の島はすでに外国だと言わんばかりだ。

トシちゃんが手配してくれたアンガウル島での英語ガイドドライバーが、こちらを見て手を
振っている。
60歳すぎの太り体型のパラオ人ドライバーは、真っ黒に日焼けして短パンにゴム草履、
シミのついた灰色のくたびれたTシャツで、喋ると真っ赤な口の中にどす黒く汚れた歯が
何本か見えている。車はトヨタのマークが入っているが、30年くらい使っている年季の入っ
た車で、日本ならとうてい客を乗せるような車ではない。しかしここは南の島だから。
「ハロー、私の名前はステイシー、今日のガイドドライバーです」
ステイシーは赤い唾を飛ばしながら挨拶した。
「なんですかね、真っ赤な口してますよ」
ヒロ君が嫌そうな顔で言った。

それは檳榔（びんろう）だった。台湾などでもよく歩道に血を吐いたような跡があり赤く染まっている、あれだ。やし科の木の実を別の葉っぱで巻いて、白い石灰をつけて口の中で噛むのだ。見ているとこのドライバーは、紙巻タバコを1cmほどちぎって一緒に巻いて噛んでいる。さぞかし強烈な味だろうと想像するが、始終絶え間なく作っては噛み、吐いてはまた作っている。青臭い匂いが車に充満している。ヒロ君が尋ねた。

「あなたのガイドの仕事は月に何回ありますか？」

「月に2－3回」

「ガイドの仕事がない時には何をしていますか？」

「ナッシング」

なんとこの男は、月に2－3日しか働かず、生活に必要なお金は学校の先生をしている兄弟からもらっているという。

「兄弟は何人いますか？」

「メイビー、トゥー」

自分の兄弟の数を　＜たぶん　2人＞というのは初めて聞いた。ずいぶんと他人ごとのようだが、小さいことにこだわらない島の大らかさと言うものだろう。

「う～む、これがパラオ式なのか？」

パラオ式で驚いたのは島の役所に行ったときも同じだった。

島の役所にはパラオ人おばさん職員が3人いて、水色の壁に囲まれて何をするでもなくヒマそうに雑談をしていた。ボクたちが行って日本から来たと言うと、3ヶ月に一度日本から来るという遺骨収集団の資料などを見せてくれた。未だに戦死した兵隊の遺骨を探して日本に持ち帰っている人たちがいるのだ。

役場のおばさんに聞いた。

「アンガウル島に日本語を話す人はいますか？」

「いませんね～」

「この島の人口は何人ですか？」

「えーと、100人から200人です」

おいおい、役所の職員なら島の人口くらい正確にわからないのか？？

アンガウル島は、州の憲法で日本語が公用語として認められている珍しい州なのに、日本人は1人もいないし、日本語をちゃんと話す人もいない。

しかし、パラオ語では日本語の単語だけは会話の中で普通に使われている。ドライバーの携帯電話にかかってきた電話でも、パラオ語の会話で、＜ひこうじょう（飛行場）＞とか＜おきゃくさん＞としきりに言っていた。

その他にも　しんぶん（新聞）、はとば（波止場）、じろうしゃ（自動車）、きもの（着物）、

はし（箸）、せんせ（先生）、べんとう（弁当）、まないた（まな板）、しおばい（商売）、おつり（お釣り）、あいこでしょ（じゃんけん）、あたまぐるぐる（頭が混乱する）、あじだいじょうぶ（おいしい）、つかれなおす（ビールを飲む）―――などなど。

こうした親日的で日本文化への憧れのようなものは、パラオを統治し、また日本から移住してきたたくさんの日本人の行いの結果だった。それまでのドイツの統治とも違う現地人への人間味のある扱いや、アメリカ軍が攻めてくる前に、日本軍はすべての島民を避難させてパラオ人の死者がでないようにした行いなどを見ていたのだった。

＜日本パラオ友好の橋＞にしても、両国の友好のシンボルとなっている。
アメリカ統治になって、バベルダオブ島とコロール島を結ぶ橋の工事の入札があった時に、日本の鹿島建設も価格を提示した。しかし韓国の企業がその半分の安値で入札を勝ち取り、1977年に橋を作った。安かろう悪かろう、手抜き工事のコンクリート製の橋は中央部分が陥没して、島の人も恐れていたらしい。そしてついに1996年、橋が崩落。死者2名と多数の怪我人を出して壊れてしまったのだ。パラオ政府は韓国のSOCIO社の責任を追及したものの、こんなことはよくあることだと、韓国企業はさっさと逃げてしまった。
島の行き来にも、電気や水道のパイプも通った橋がないとその日から生活に困る。島の生活を救おうと、日本政府が援助して鹿島建設の工事で、2002年、今度は無償で新しい頑丈な橋が完成したのだった。

ペリリュー島
3日後、ボクたちはペリリュー島を訪れた。
パラオといえばダイビング。ダイビングの上質スポットがペリリュー島にあって、ここにくる大半の観光客はダイビング目的である。
しかしストイックなボクたちはダイビングなどしない。この島には未だ大東亜戦争を戦った兵士の遺骨も残り、戦車や鉄兜、飛行機の残骸などが島の各所に残っているのだ。そんな島で遊び呆けている場合ではない。
島を案内してくれたのは　現地ガイドの日本人のまゆみさんだった。サイパンやグアム島に住んでいたが、パラオ人の旦那と結婚して、今は旦那の故郷のペリリュー島に住んでいる。結婚後のまゆみさんの本名は＜まゆみさだお＞で、さだおは旦那の親の名前なのだった。日本でいう名字がなく、親の名前の一部を取るので同じ家族の兄弟でも全然名前が違うこともあると言う。

それにしてもパラオ人の旦那を持つ女性に、旅行中何人も出会った。ホテルのレセプショ

ンにいたフィリッピン人やロシア人の女性、博物館のドイツ人の女性、そして旅行やダイビング関係、カフェの仕事をしている何人もの日本人女性に出会ったのだ。パラオ人の男というと、どうもあのアンガウル島のドライバーを思ってしまうので、世界の女性を虜にする本当のパラオ男性に会いたかったが、残念ながらその機会はなかった。

まゆみさだおさんのガイドで、島のあちこちに散らばる戦争遺跡をみた。
燃料貯蔵庫、ゼロ戦のプロペラなどの残骸、広島被爆敷石、司令部の建物、天皇陛下が来た時の写真を収めた建物、ペリリュー神社、日本軍が死守しようとした飛行場、などなど。

当時、ペリリュー島には東洋一と言われた十字型にクロスする飛行場があった。
アメリカ軍はフィリッピン侵攻の足場としてペリリュー島を攻略しようとしていた。一万人ほどの日本側守備隊に対して、アメリカ側は海兵隊と陸軍合わせて5万人、戦艦に巡洋艦、駆逐艦、そして水陸両用戦車・火炎放射器・ナパーム弾などの重装備でやってきた。
「なあに3日で攻略、多分2日で終わる。スリーデイズ、メイビーツー」
日本軍をなめきった海兵隊はこう言った。
上陸作戦前の徹底的な艦砲射撃と空爆で、島の木々は完全に焼け落ち、島の形が変わるほどだった。しかし守備隊長の中川州男大佐率いる日本軍の奮闘により、アメリカ海兵隊史上最悪の損害を与え、3日どころか2ヶ月半も持ちこたえ、最後に中川大佐は自決。
さらに生き残った兵隊三十四人は、終戦後も1947年4月まで洞窟に隠れてアメリカと戦おうとしていたのだった。見よ、日本軍の大和魂！

「この戦争は日本の侵略だったと言う人もいますね」
「うん、でもマッカッサーが戦後アメリカ上院で言ったのは、これは日本の自衛戦争だった、と。ボクはそのように思っているんだ。それにペリリュー島で戦った兵隊は、日本へのアメリカ空爆を1日でも遅らせようと、それこそ日本にいる自分の家族を守るために戦っていたと思います」
「アメリカ軍の日本本土空爆は、どう見ても無差別戦争犯罪ですからね」
「空爆に原爆。ここで戦った兵隊は、故郷の家族を守るために死んでいった人たちなんですね」
ボクとヒロ君は、目の前に広がる草と木にうもれようとする海軍司令部の建物を見ながら話をした。鉄筋コンクリートの天井の高い建物は、直撃弾を2発も受けながらも、柱はしっかりとして、2階の床が丸く抜けていた。熱帯の雨と日光を受けて黒く変色し、つる植物が壁を覆い建物を飲み込もうとしている。錆びた戦車の残骸、飛行機のプロペラの隙間から鮮やかな緑の樹が生えている。鉄の文明に対する植物の反乱。

「ここで戦った日本人がいたおかげで、今の日本があるんですね。
でも見てください、日本の現状を。今は経済も良くないし、外交だってうまくない。政治家はダメダメだし」
「自分たちは何を守ろうとしたのか、もし死者が生き返って今の日本を見たら、なんと言うでしょうか？」
「まあ、それも含めて今の日本ですから」
『敗戦で日本は戦争に負けたのではない、日本は滅んだのだ』
太宰治が言った言葉を思い出した。

PPRのN氏
パラオパシフィックリゾートホテル、略してPPRは以前は日本の東急がやっていて、広大な庭とプライベートビーチや水上バンガローのある、パラオでも一番格式の高いホテルである。明日が出発という旅行最後の日、ちょっと豪華に行くことにした。
「今日はおいしいものを食べましょう」
「パラオでおいしいのは、やっぱり海鮮ですね」
海が見渡せるテラスレストランで、僕たちはボイルしたマングローブガニや海鮮のトマトスープ、それにヒロ君は白身魚のステーキを食べ、カルフォルニアのシャルドネとアルゼンチンのマルベックの赤ワインを注文した。
「さすがパラオで一番格式が高いと言うだけのことはありますね」
「うん、やっぱりおいしいね。アンガウル島では弁当もなくて缶詰の昼食でしたからね」
二皿目を食べているころ、4つほど離れたテーブルに二人連れの客が座った。Tシャツ姿の日本人と黒人女性のカップルだ。
「あれっ？　あれは例の有名なN氏ではないですか？」
「えっ？　ほんとだ。南極で会った人ですか、偶然ですね」
よりによって、こんな辺鄙な世界の端のような旅先で2度も3度も偶然が重なるものなのか。それにしても連れの女性は真っ黒な黒人で、日本人と黒人が南洋パラオにいると言う奇妙な取り合わせだった。
向こうの邪魔しないように、食事もだいたい終わった頃、ヒロくんはN氏に話しかけた。
「Nさん、ですよね。南極でもお会いしました」
「おーキミかね。久しぶりだね。相変わらず世界旅行かね？」
「すごいところでまたお会いしましたね」
最初トカラ列島行きの船ですれ違い、次は南極の氷の海で会い、そして今回はパラオの最高級ホテルで会う。同じ街で見かけるのならともかく、世界のあちこちで偶然が重なるのも、きっと何かの縁。世界中を気ままに旅行している日本人は意外にいるものなのかもしれない。こうした偶然の出会いも、ヒロ君の言い方だと何かの必然があるに違いない。ボ

クたちは、コーヒーを飲んで、食後の酒を飲むまでN氏と話をすることができた。
「君らは何しにパラオに来たんだね？」
「ボクたちは日本軍の戦跡と親日の国パラオを見に来たんです」
「そうかね、で、君らにとって国とはなんだね？」
「日本の国土があって、日本人がいて、昔からの歴史や文化があって、天皇がいて、警察があって、政府があって、、、。戦争のために死んでいった人たちのおかげかと、、」
「Nさんの旅行の目的はなんですか？」
「はっは、僕の旅行は人生そのものだ。もう仕事も辞めて、世界中行きたいところに行って、世界の女性と付き合う。これが僕の人生だよ。
紹介しよう、こちらモーリタニア人のシンディ！　もう日本のオンナではアカンのだよ！」
連れの黒人女性は愛嬌のある顔つきで、縮れた長い髪に髪飾りをつけ、大柄で豊満な丸い体をノースリーブの夏服で装っている。ミニスカートは薄いオレンジ色で、穏やかな色使いだ。香水をつけているのか、柑橘系の匂いがした。
「日本という国にとらわれてはいかん。だいたい、国というもの自体、人が勝手に作り出したものだ。見たまえ、日本はアメリカとひどい戦争したが、その後アメリカと仲良くやっているではないか。人と人の争いだったら決して許すことはできないだろう」
ボクは「空爆に原爆」と言いそうになった。
「国に固執してはいかん、そんなのは架空のものだ。本当にあるものは何か？それは、おいしい食事と楽しいオンナだと思わんかね？　ワッハッハ！」
N氏は大柄ではないけれど声だけは大きくてよく響く。笑った拍子に黒人女性の肩に手を回した。女性は日本語がわからないのでちょっとびっくりしてボクたちに笑いかけた。
それから、N氏が訪れたアフリカの国々の話を一通り聞いたあと、ボクたちはN氏と別れて自分たちのホテルに帰った。

そうだったのか、愛国心と言っても、国によって当然意識が違うし、ここパラオでは国を捨ててアメリカに移住する者も多いと聞く。そもそもパラオの独立は1994年だから、国は30年の歴史しかない。大和朝廷、奈良や平安、鎌倉時代がある日本と同じ国意識である訳がない。
親や家族を愛する気持ち、生まれ育った山や川の風景を愛する気持ちを、国という大きさに拡大して愛国心に変えてしまうのは為政者の都合だ。「本当に大事なのはおいしい食事と楽しいオンナ」と言い切るN氏は達観しているではないか。彼こそ国を超えた真の国際人ではないか。
N氏とモーリタニア人の彼女にカンパイ！

誰でも行ける！でも誰も行かない!? 絶海の秘境島へGO!

2024年2月29日　第一刷発行

著者プロフィール

むらやまげんぞう
村山 眼蔵

岡山県出身。立命館大学哲学科卒。旅行家、芸術家
世界100か国以上旅行。数十年間モナコに住み、現在パリ居住
英語・フランス語・イタリア語・スペイン語を話す
2020年　写真展『まだまだ世界は面白い』
2024年　写真集『面白半分世界一周』刊行予定

船越真衣

神奈川県出身。立教大学ドイツ語学科卒。幼少期からバレエを続け、
夢の国・東京ディズニーランドやその他多くのステージでのダンサー経験を持つ。
学生時代以降からはアナウンサーやレポーターの仕事を始める。オリンピックの取材で海外を回る
ことが増え、海外に興味を持ち始める。他にも特殊小型船舶免許や美容に関する資格も数多く持つ
資格マニア。本書では「過酷な場面が多かった」と本人の弁。

写真・Hiroyuki
発行人・瓜生俊也
発行・希の樹出版株式会社
　　　　169-0073 東京都新宿区百人町 1-16-21
　　　　https : //www.nozominoki.com　TEL 03-5386-2825
発売・株式会社メディアパル（共同出版者・流通責任者）
　　　　162-8710 東京都新宿区東五軒町 6-24
　　　　TEL 03-5261-1171
印刷・福博綜合印刷株式会社
地図・国土地理院より抜粋（一部加工）
© 2024 Nozominoki Publish Co.,ltd Printed in Japan
ISBN 978－4－8021－3448－4